JN438444

길 따라 꿈 피어나고

Dreams Bloom along the Way

유당(裕堂) 이정경 한영수필집

길 따라 꿈 피어나고

Dreams Bloom along the Way

유당(裕堂) 이정경 한영수필집

수필과비평사

■ 작가의 말

꿈(dream)에는 행복(幸福)이 살고 있다

마음이 길 문을 열어야 세상이 바르게 보이고 따뜻한 온기가 흐른다. 빛 밝은 사람에게 신의 축복이 따르고 맑고 청아함이 행복을 몰고 다닌다. 마음이 밝고 온화해야 모든 만물이 사랑의 향기를 품고 내게 다가온다. 행복하려면 아주 작은 것에도 감사하고 남을 존대하며 사소한 것에도 진심(眞心)을 다하여야 하리.

입추를 기준으로 전형적인 가을 날씨로 변하고 있다. 한낮에는 볼살을 때리는 따가운 햇살이지만 바람은 시원하고 하늘은 높다. 맑은 거울을 들여다보듯 우주가 선명하다. 혼탁한 마음이 정화된다. 허공에는 뭉게구름이 무상(無相)의 축제를 펼치고 있으니 날마다 경사(慶事)로다. 성근 바람에 그리움이 짙게 묻어나는구나.

이 좋은 계절에 하고 싶었던 나의 말들을 세상에 마구 쏟아 지구에 점을 찍는다. 영혼을 담은 언어로 부모님의 사랑을 보은(報恩)의 마음으로 노래했다. 진실은 보이는 사람에게만 보일 것이고 들리는 사람에게만 들릴 것이다. 머리와 가슴을 타고 흐르는 정성스러운 나의 사랑이, 이승과 저승을 오가며 감동의 통로로 교감 되길 원한다.

내 전신(全身)을 드러내고 내려놓는 이 숙제는, 어깨에 짊어진 무거운 멍에를 벗어놓는 기분이다. 못다 한 과거는 이것으로 청산(淸算)하고 새로운 나로 거듭 태어나리. 내일의 밝은 해를 위해 오늘 밤의 어둠을 몰아낸다. "꿈이 있는 사람은 아름답다." 희망(希望)이 있는 사람은 빛이 난다. 꿈이 있는 사람은 늙지 않고 죽지 않는다. 꿈에는 행복(幸福)이 살고 있다. 이 행복의 쾌감은 가을바람이 법문이 되어 나를 일깨워 주리라.

한 줄기 바람은 여전히 정진(精進) 중이다.

유당(裕堂) 이정경(李貞敬) 손모음

2023년 계묘년(癸卯年), 시간 속에 스며드는 이 가을에

■ 차례

Ⅰ. 우주의 선물

Ⅱ. 바람의 인연

Ⅲ. 고장 난 제트기

Ⅳ. 뿌리는 열매를 달고

Ⅴ. 방석 위에 핀 꽃

Ⅵ. 서평과 번역자 후기

Ⅰ. 우주의 선물

우주의 선물

춘삼월 해동의 비가 대지를 적신다. 마른 가지에 젖줄의 물줄기가 오르내리고 검은 땅에는 초록의 잎들이 새 눈을 뜨고 있다. 봄은 희망의 가지를 뻗으며 새처럼 훨훨 날며 높이 비상하고 있다. 주어진 자신의 나이에 맞게 꿈의 날개는 만 가지 꽃으로 펼쳐지리라.

뚜루루루! 화면 속에 나타난 해맑은 아이의 얼굴이 하얗게 밝다. 오매불망 애타게 그리워하는 우리 손자다. 작년 3월 말에 태어난 소중한 생명이다. 곧 돌이 다가온다. 열 달째부터 주말마다 영상 통화를 한다. 내 마음이 힘들거나 외로울 때 봄 햇살처럼 밝은 기운을 준다. 지치고 늘어진 감정에 한줄기 무지개로 빛살의 기쁨을 뿌려준다. 내가 늙어가고 있다는 것을 잊게 해주는 반전의 희망을 안겨주는 아이다. 까마득한 기억에서 멀어진 아들의 어린 모습이 재생되어 눈앞에 나타나 있는 듯하다. 분명 어릴 때 아들의 얼굴과 다른 우리 손자 얼굴인데 내 마음은 이십 대의 철없는 아이 엄마의 마음으로 돌아가 설레며 행복해하고 있다.

손자를 볼 때마다 아들을 두 번 키우는 감격의 순간에 빠진다. 얼굴은 다르지만, 하는 행동이 어릴 때 아들의 이미지랑 거의 비슷하다. "할머니가 직접 되어보지 않으면 손자 사랑에 대해 말도 꺼내지 마라."던 남편 친구 아내의 말에, '손자 없는 사람한테 너무 상처 주는 말이 아니냐.'며 속으로 섭섭해하던 마음이 이제야 백 퍼센트 수긍이 간다. 피부로 가슴으로 손자의 사랑을 경험해 봐야 만이 그 기쁨의 진수를 이해할 것 같다. 가까이 자주 보지 못하니 그리움은 날마다 극에 달한다.

2월 말경 베란다에 동백꽃 한 송이가 피어났다. 봄을 알리는 전령사다. 생명의 환희다. 봄이면 느끼는 새 생명의 찬사다. 새로운 생명은 하늘이 내려주신 신의 선물이자 보배다. 봄은, 살아있음의 감사를 피부로 느끼게 한다. 볼 때마다 신기하다. 무에서 유로 태어난 생명은 자연과 사람이 다를 리 없다. 손자가 태어나고 아들이 달라졌다. 자기가 아이를 낳아 길러보니 부모의 마음을 가슴으로 이해하게 된 것이다. 부모의 사랑을 자식에 대한 애착과 집착으로 오해하던 자신의 잘못된 판단에 대해 용서를 빈다. "엄마, 내가 부모가 되어보니 이제야 정말 부모 마음을 조금 이해할 것 같아요." 한다. 엄마의 정성에 대해 고마워하면서도 자식을 위해 오매불망 기도하느라, "기도비가 만만치 않게 든다."는 엄마의 말이 탐탁지 않았던 아들이었다.

손자는 편안하게 우리 집에 태어나지 않았다. 하루를 꼬박 지나고도 네 시간을 넘겨서야 며느리 품에서 손자를 안을 수 있었다. 아침부터 까치가 반갑게 노래하였지만, 밖에서 긴 시간을 기다리는 시어미 가슴은 쪽박 되어 오므라들었다. 간호사가 유리창 앞에서 신생아를 안고 우리에게 처음 보여주는데 아이가 미소를 함빡 머금고 있다. 조모의 애타는 마음을 알기나 하는 듯이 배시시 웃어준다. 하지만, 태어나자마자 황달 수치가 높았다. 일주일 입원하며 애간장을 녹이던 그 안타까움은 태어나면 저절로 클 것이라는 선입견을 내던지게 만든 대사건이었다. 손자의 아픈 고통은 온 가족을 성숙한 사람으로 한 단계 업그레이드시켜 놓았다. 평범했던 가족의 울타리가 더욱 단단한 가족애의 끈으로 연결되게 한 계기가 되었다.

손자는 가족들의 사랑스러운 눈빛을 받으며 신생아에서 목을 가누고, 뒤집기하고, 기면서, 허리에 힘이 생겨 차차 짚고 일어섰다. 아홉 달 만에 마음껏 걷던 아들을 닮지 않았다고 답답해하기에는, 손자가 무탈하게 잘 크고 있다. 바닥에 깔린 책을 골라서 엄마, 아빠한테 읽어달라고 준다. 연신 고개를 돌려 엄마에게 치대고 안으며 볼을 비빈다. 엄마, 아빠의 무한사랑을 받으며 우주를 품으리라. 아이에게 부모의 사랑이란, 세상을 펼쳐놓은 우주와 같은 존재다. 하루가 다르게 자라는 손자는 우리 미래의 꿈이다. 이 어찌 세월을 역행하는 기쁨이 아닐 수 있겠는가.

아이들은 혼탁한 어른의 영혼을 정화해 준다. 원래 애들을 좋아했던 손자 바보 할머니는 손자의 재롱에 함께 웃다 보니, 영상통화 삼십 분의 시간이 훌쩍 지나가 버렸다. 새 생명의 성장을 바라보는 지금은, 천국이 눈앞에 펼쳐지고 있는 것 같다. 삶에서 갖게 되는 고난과 고통을 잊게 해 주는 명약이다. 슬픈 일이 있어도 웃을 수 있는 천만년 에너지의 원동력은, 가족 사랑이 아니던가. 후손들이 있기에 못난 나의 존재는 덤으로 찬란하게 반짝이는 빛의 존재로 변하고 있다. 잠시 머물다가는 내 인생 사다리의 고리에, 고귀한 인연의 끈이 이어져, 천만 대로 사랑이 이어지기를 기원해 본다.

손자는 오십여 년 전 탄생한 또 다른 내 모습이다. 우리 모두는 우주에서 내려온 거룩한 선물이다. 나의 존재는, 타인을 섬길수록 더욱 빛나는 진귀한 가치를 지닌 우주의 보물이 된다. 삶은 또한, 그대들이 있어 내가 더욱 빛날 수 있는 근원의 존재 이유이기도 하다.

엄마가 부르는 노래

아들이 새로운 세상을 향해 힘찬 날갯짓을 하고 있다. 쪼그려 있던 번데기가 나비가 되어 허물을 벗고 하늘을 비상한다. 부모의 품을 떠나 첫 사회생활을 시작한다. 기간은 짧았지만 인내의 열정적인 노력이 황홀한 나비의 변신으로 재탄생한다.

부모 둥지를 떠나는 자식의 해방은, 쉰 둘된 여자인 엄마도 새 탈을 벗고, 이 세상에 다시 태어나게 한다. 가족이지만 남편도 부모도 자식도 인생 외길은 함께 가지 못한다. 동반(同伴)은 할 수 있어도 그가 내 자신이 될 수는 없다. 언제나 혼자 독창하고 혼자 오롯이 주인공이 되어 위로하고, 홀로 동떨어진 관객이 되어 관조(觀照)를 하며 살아야 한다. 그것이 인생의 쓴맛이자 짜릿한 묘미(妙味)다. 존재의 귀중(貴重)함이다. 아들의 공인회계사 시험이 끝나면 바로 자식 걱정은 내려놓고, 내 일에 전념할 수 있을 것이라 생각했다. 그런데 합격 발표가 나고도 한 달이 훌쩍 지나서야 근무지가 결정되었다. 원하던 직장에 발령이 나고 새로 이사를 하기까지 엄마인 나는 또, 손꼽아 기도의 손을 놓을 수 없었다. 타지에서 혼자 밥을 해 먹을 수 있게 작은 살림을 차려주고 나니, 나의 어머니가 클로즈업되어 달처럼 떠오른다. 내 자취할 때 딸을 위해서 된장이랑 고추장과 반찬을 정성스레 담아서 여러 보따리를 보내주시던 우리 엄마가 말이다. 결혼하고 내가 나로 돌아온 세월이 자그마치 이십여 년이 훌쩍 넘었다. 이게 얼마만의 자유인가. 결혼하여 살아온 시간이 부챗살처럼 펼쳐진다. 딸도 있지만 일단 한 아이에 대한 책임감에서 벗어나니까 모든 것이 꿈만 같다. 흐르는 음악은 옥돌이 구르듯 영혼을 울린다. 기쁨의 에너지가 온몸의 열기로 흐른다. 북극의 빙하도 단숨에 녹일 것 같은 열정이 치솟는다. 몸은 땅에 머물러도 마음은 하늘의 구름을 지휘하는 천사의 감독관이 되는 듯하다. 실패만 있던 내 생애에 최고의 감동이자 감사다. 한 여자이자 엄마가 되어 보람을 느끼는 인생 최대의 행복이다.

부디 건강하게 자신을 가꾸어 훌륭한 사회의 일원이 되어 다른 사람에게 보답하며 베풂을 나눌 줄 아는 사람이 되길 기원한다. 이천팔 년 구월 삼십 일에 쓰다.

어느덧 세월이 흘러 벌써 강산이 한 번 바뀌어 돌고도 훌쩍 몇 년의 시간이 지나갔다. 멀리 타국에서 가정을 꾸미며 사는 자식을, 뒤늦은 추억으로 회상하며 간절히 그리워해 본다. 팬데믹 코로나가 길을 막고 있으니 잦은 만남이 요원(遙遠)하다. 이제는 할머니가 된 나는 자식들 가족이 더욱 애절하다. 만남의 절실한 기도는 그리움의 노래가 되어 가슴을 타고 흐르고 있다.

희망의 활주로

겨울 한파는 무서운 시어머니의 매서운 눈초리와 같다. 온몸을 감싸는 냉기는 얼음 가시에 찔린 듯 차갑다. 본격적인 혹한이 시작되고 있는데 우리 집 김치냉장고는 텅 비어있다. 김장철 기회를 놓쳤는데 추운 겨울이 깊게 파고들어 와 버렸기 때문이다.

사람 사는 인생에 만 때가 중요한 줄 알았더니 김장 김치 담그는 때도 이렇게 중요한 일인 줄 몰랐다. 겨울 초입에 한겨울 비상 저장 반찬을 든든하게 비축하지 못하고 있으니, 마음이 빈약하다. 주머니가 텅 빈 것처럼 허전하다. 사십 년 가정주부 경력의 자격도 무색하다. 이 년 전에 갑작스러운 위 수술로 몇 번 김치를 사 먹고는 몇

십 년 만에 김치 안 담근 지가 이번이 처음이다. 할머니 학생의 영문과 기말고사 과제물 시험 탓이라고 하기엔 변명이 딱하다.

작년에 혹한이 없었다고 해서 올해도 무난히 넘어가라는 법은 없다. 매서운 추위가 지구를 점점 삼키니 마음도 몸도 동상처럼 꽁꽁 얼어붙는다. 눈에 보이지 않는 코로나19 역병의 기세와 합세해서 구석에 몰린 심신이 차돌처럼 냉랭하다. 그럴수록 풋풋한 김치의 감칠맛이 상사병처럼 입안에 돌고 있으니, 이 일을 어찌하랴. 짝사랑은 사람한테만 적용되는 줄 알았는데 이렇듯 음식에 대한 간절한 그리움이 생길 줄 차마 몰랐다. 외국에 살면서 고국의 김치를 찾는 한국 사람 같다. 앉으나 서나 부르는 애창가처럼 '김치 타령'을 하며 안타까워하는데, 동장군의 기세는 좀처럼 수그러들 기미가 안 보이니 김장 김치에 대한 갈증은 더욱 증폭되고 있다.

그러던 와중에, 내 마음이 놀란 듯이 벌떡 자리에서 일어나게 하는 동기부여가 하나 생겼다. 한참 기세등등했던 강추위가 약간 꼬리를 내리기도 했지만, 타국에 사는 아들 가족이 필요한 물건들이 있으니, 그것을 구입해서 항공우편으로 보내달라는 전갈이다. 엄마는 자식의 일이라면 자다가도 벌떡 일어나 몸을 추스르게 하는 힘이 생겨나지 않던가. '이참에 새 김치를 담가서 조금이라도 보낼 수 있으면 얼마나 좋을까?' 하는 마음에 내 몸이 비행기를 탄 듯이 갑자기 가벼워졌다.

호한(沍寒)을 잽싸게 비집고 들어가 칠성시장에 가서 가장자리가 살짝 언 배추와, 용케 잘 저장해 놓은 싱싱한 무를 많이 샀다. 이틀 동안 정성을 들여 버무리니 마늘 냄새가 진하게 밴 꿀맛 같은 김치가 완성되었다. 자식들에게 주고 싶은 마음이 더 간절해졌다. 그런데 혹시나 해 우체국에 전화하여, 외국에 김치를 보낼 수 있는지 확인을 해 보니까, 김치는 해외로는 안 된단다. 진작 이 사실을 알았더라면 그렇게 신명 나게 김치를 담글 수 없었으리라. 김치를 보낼 수 없다는 실망스러운 마음이 땅바닥에 털썩 주저앉게 한다.

코로나19가 벌을 주고 있는 이 생이별이 맹추위와 버무려 더욱 가혹하게 느껴진다. 결국 아들 내외가 우리 집으로 배달시킨 물건들만, 보물을 줍듯이 하나씩 주섬주섬 모아서 배송을 위해 우체국으로 달려갔다. 주말을 넘기기 전에 받을 수 있게 하려면 하루라도 빨리 당겨서 보내는 게 좋다. 바쁘게 서둘러 그날 마감 전에 겨우 물건을 보낼 수 있었다. 코로나19가 심해도 항공 우편물은 정상으로 운행되니 이 얼마나 고마운 일인가. 처음 보낼 때는 우체국에서 언제 도착할지 모른다는 으름장에 제때 도착하지 못할까 노심초사했는데 몇 번 보내보니까 이제는 안심하게 된다. 얼굴은 직접 마주하지 못해도 자식들이 좋아하는 고국의 필요한 생필품을 사랑하는 자식들 앞으로 배달시키게 되니 내 몸도 함께 따라간 기분이 든다.

막다른 길목의 그리움을 솔바람처럼 숨통 트이게 하는 항공길이 아닌가. 지금으로서는 이 길만이 오직 위안의 통로가 되고 있다. 코로나19 때문에 힘든 지금, 이 현실에서 고통을 견딜 수 있게 하는 유일한 소통의 길, 희망의 활주로이다. 영어로 된 아들 이름과 주소, 홍콩 폰 번호를 확인하여 딸과 함께 정신없이 물건들을 보내고 돌아서 발길을 돌리는데, 뻥 뚫린 허전함이 왜 내 가슴을 강타하는지. 메꿀 수 없는 그리움의 공백이 하염없는 물줄기가 되어 가슴을 타고 흐르고 또 흘러나온다. 장맛비처럼 쏟아져 나온다. 이번에는 몇 달 전부터 예약해 놓은 내 건강검진 날과 아들이 부탁하는 배송 날짜가 겹쳐서 내가 보내고 싶은 덤의 선물은 하나도 못 보냈기 때문이다. 손자가 좋아하는 장난감과 며느리가 좋아하는 간식도 더 챙겨주지 못한 아쉬움이 온몸을 휩쓸고 지나간다.

도저히 그대로 있을 수 없어 며칠 뒤 비싼 항공료를 감수하고 다시 물건을 보내기로 했다. 단골 백화점에 가서 설빔으로 손자 잠옷과 수면 잠옷을 사고 손자가 좋아하는 레고 장난감도 샀다. 지난번에 더 보태 보내지 못한 며느리가 잘 먹는 마른오징어와 맛난 약과도 몇 봉지 샀다. 세일할 때 많이 사 둔 호떡 재료도 손자가 좋아하기에 박스는 버리고 알맹이만 챙겨서 넣었다. 우리 먹으려고 사 놓은 잔멸치도 한 봉지 보태고, 지난번 품목에서 며느리가 빠뜨렸던 추가 생필품 국산 다시마 몇 봉지 등, 기타 물건들을 다 담으니 큰 상자 하나 꽉꽉 찬다. 허전했던 내 마음도 덩달아 빼곡한 물건처럼 꼭꼭 채워진다.

배달 물건들은 다시 떠났는데 내 마음은 항공길 따라 배웅을 멈추지 못하고 있다. 봄꽃이 뻥튀기처럼 활짝 부풀어 오르면 역병이 놀란 듯이 풀쩍 도망가서 우리 가족들 모두 직접 볼 수 있으려나. 하루빨리 만남의 재회가 희망이 아닌 현실이 되기를, 하늘길 해방을 위해 간절히 빌고 또 빌어본다.

보석처럼

봄의 왈츠를 지나 여름의 길목에 섰습니다. 따사로운 햇살이 볼에 따갑고 한낮의 공기에 열기를 느낍니다. 계절의 변화에 내 마음도 순화(馴化)되어 함께 이동하고 있습니다. 어디인지는 모르겠지만 자연의 순환 따라 자꾸만 가고 있습니다.

부모의 책임 완수가 멀게만 느껴지던 힘든 고비가 이제는 아이들이 다 커서 안도의 한숨을 돌리게 합니다. 약간의 여유가 콧노래로 콧잔등을 감미롭게 간질이고 있습니다. 시어머니가 두려워 벌벌 떨던 신혼 시절은 아득한 기억의 산에서 머물고, 아이들 혼사 문제로 걱정을 하고 지냅니다. 시간이 화살촉처럼 빠르게 지나갑니다. 깜

빡거리는 등잔불처럼 켜졌다가 꺼져 버리고 맙니다. 돌아서서 어물쩍거리며 더듬거리는 사이에 하늘에 먹구름이 끼듯이 어둠이 이내 깔리곤 합니다. 언제 그렇게 지나온 것인지, 내가 살아왔지만 나도 잘 모르겠습니다. 내 의지로 걸어온 시간도 있었지만, 내 의지와는 무관하게 흘러 와 버린 시간도 많은 것 같습니다.

자신의 굴곡된 지난 삶을 긍정하라고 선각자가 말씀하시었습니다. 지나온 과거사의 흙탕물과 어지러움은, 흘러 떠내려 가 버린 나의 분신들인 것 같습니다. 뒤돌아 주섬주섬 기억을 담아 회한을 씹는 나의 그림자에, 측은지심이 생기려 합니다. 그러지 말고 방실방실 웃어 주는 봄꽃의 미소가 되어야 하는데 말입니다. 이제는 아이들이 어떤 사람을 만나고 어떤 인생을 펼쳐 나갈지, 어머니라는 위치에서 새로운 꿈을 정수리에 담아야 할 때인 것 같습니다.

십여 년 사귀던 아들 여자 친구랑 헤어지고 근년에 가슴을 쓸어내리느라 혼이 났습니다. 아무리 좋은 약을 먹어도 특효가 없듯이, 그 애를 잊고자 마음 다스리기를 수 없이 반복하여도 효과가 없었습니다. 혼자서 눈물지으며 위안하다 보니 아들에게 새 여자 친구가 생겼답니다. 한 번 체험한 불신의 빗장이 너무 두터워 사랑의 통로가 동지섣달 얼음같이 두꺼워져 버렸습니다. 한 해를 몽땅, 나만의 울타리에서 달팽이 같은 몸짓으로 고통의 늪에 싸여 동글 거리고 있을 때, 시간의 밧줄이 그녀와 나의 끈을 살포시 잡아 주었습니다.

아들이 이번 봄에 라섹 수술을 받고 싶어 해서 핑계 삼아 그 아이를 볼 날이 왔습니다. 작년에 아들 졸업식 날 먼발치서 얼굴을 잠시 보고 처음으로 가까이 얼굴을 마주한 셈이지요. 설날 새해라고 목소리로 인사를 받고 처음 그 애랑 말문을 튼다니 내 연인을 만나러 가는 듯 가슴이 설레었습니다. 서먹한 분위기를 만회하고자 딸까지 동원을 하였지요. 성격이 밝다는 아들 말이 맞았습니다. 아들 대신 마중 나온 그 애가 서울역 출구에서 폴짝거리며 톡 하고 튀어나오는데, 현철의 "봉선화 연정" 가사가 머릿속에서 튀어나오는 것 같았습니다.

그 애의 재잘거리는 소리가 남 같지가 않았습니다. 만나서 저녁을 먹고 안과에 가서 아들 수술 수속을 받는 다섯 시간이, 긴 황새 다리처럼 껑충껑충 달아나버린 것 같았습니다. 좋은 인연과 나쁜 인연은 그 사람과 같이 있을 때, 시간관념을 모르게 보내느냐 같이 있는 시간이 지루하냐에 달렸다고 들었습니다. 우리 만남은 좋은 인연인 것 같습니다. 한 번 보고 나니 자꾸 그 애의 미소가 눈앞을 아른거립니다. 다시는 쉽게 정을 주지 말자는 신념이 둑 없이 무너지고 있습니다.

말이 적은 아들이라 그 애가 '서울 강남'에 사는 아가씨라는 말은 만나서 처음 들었습니다. 말만 듣던 강남의 딸이랍니다. 혹여 우리 가난에 기죽을까 염려되었지만 아들을 믿기로 했습니다. 서로의 사랑이 우선이라 혼사가 되어 잘 살 때까지는 일급비밀로 해 놓고서는, 입이 노래를 하고 싶어 가만히 있지를 못하고 있습니다. 무엇보다 내가 좋아하는 악기를 잘 다룰 줄 안다는 기쁨에, 비워진 가슴을 꽉 채우는 마음입니다. 며칠 전 어버이날 꽃바구니 배달 아저씨가 우리 집 주소를 물었습니다. 그 애가 나랑 말을 주고받으면서 기억해 놓았다가 붉은 장미꽃과 빨간 카네이션을 보냈답니다. 심장 보다 붉은 장미꽃과 꺼지지 않을 사랑의 증표 같은 빨간 카네이션이 현관 한가운데에 반짝거리고 있습니다.

청춘의 열기가 불타오를 뜨거운 여름이 오고 있습니다. 앞으로 활기찬 여름이 본격적으로 계속되겠습니다. 혹여 나의 가슴에 남아 있을 지난 과거의 회한과 안타까운 일들은 이 여름, 불꽃의 용광로에다 다 녹여 버리면 좋겠습니다. 모든 사람들이 만나는 사람마다 새로운 기쁨과 축복만 가득하면 좋겠습니다. 새로운 사랑의 불씨가 피어나는 우리 아이들을 통해서, 모든 사람들을 사랑하고 싶은 이 마음이 식기 전에, 무한한 우주의 세계에, 엄마의 기쁜 마음을 화려한 공작 날개의 꽃처럼 환하게 한 번 펼쳐 보이고 싶습니다. 장차 내가 진짜 어른이 될 미래의 꿈들을, 여명을 뚫고 밝아오는 아침 햇살처럼, 아이들의 새 보금자리가 빛나는 불변의 보석처럼 오래오래 행복하길, 엄마의 마음을 꽃처럼 별처럼 곱게 담아 간절하게 기원을 해봅니다.

루미큐브(Rummikub)

짜르르 짜르르 소리를 내며 삼십초 만에 노란 코인(coin)이 쏟아진다. 황금이 쏟아지니 그 소리로도 포만감을 느끼게 한다. 현금이 아니라도 좋다. 다른 일을 하면서 옆에 두고 계속 무료 코인을 다운받으니 금방 높은 금액으로 올라간다.

지금 내 통장에 저축된 금액보다 액수가 더 많다. 처음에는 삼십초에 백 원씩 다운되더니 점점 상승하여 오백 원, 천 원씩 오르다가, 오천 원까지 올라서 이제는 끝인 줄 알았는데, 자꾸 높아져 만 원까지 받을 수 있다. 삼십초 만에 만 원이라는 금액이 노다지처럼 콰르르 부어지고 있다. 한 달 사이 이런 돈이 몇백만 원이 두둑하니 쌓였다. 더군다나 손자가 필요로 할 때 언제든 보충해 주기 위해서 보관하여 저장해 놓는다고 생각하니 마음이 든든하니 행복하다. 실제 현금으로는 쓸 수 없는 돈이지만 대신 기쁨을 채워주고 있다.

아홉 살 손자 덕분에 인터넷 오목 게임을 하다가 지금은 "루미큐브(Rummikub)"라는 신세대 인터넷 게임을 배우게 되었다. 멀리 떨어진 손자와 주말마다 영상통화로 한다. 처음에는 게임이 어려워서 딸의 도움을 받아, 나는 그저 참가인원 숫자만 채우려고 했다. 손자가 노는 것을 즐겁게 쳐다보며 함께 어울리는 것이 목적이었다. 그런데 문제가 생겼다. 몇 번 별생각 없이 의무적으로 한 게임이 시간이 갈수록 반복되다 보니 나의 새로운 흥밋거리로 관심의 대상이 되고 말았다.

지금은 평소 심심치 않게 소일하는 장난감 친구가 되고 있다. 이 "루미큐브(Rummikub)"는 처음 시작할 때 무작위로 열네 개의 숫자 카드를 가지고 시작한다. 게임 규칙이 무조건 카드를 세 개 또는 네 개를 붙여야 된다. 서로 색이 다르면 같은 숫자를 배열하고(예로, 빨간색 3, 노란색 3, 파란색 3, 검은색 3 이런 식 조합을 하고), 색이 같으면 차례대로 한 가지 색으로(예로, 1.2, 3…. 13 숫자 까지) 세 개 카드를 기본으로 거기에 계속 덧붙인다.

기본으로 카드 세 개가 안 될 경우에는 게임 성립이 안 된다. 오목과 달리 내가 아무리 천재여도 다른 사람의 도움 없이는 이 게임은 승리할 수 없다. 유유상종의 숫자와 어울리지 않으면 안 된다. 비슷한 숫자와 균형을 맞추어야지 거리가 먼 숫자와는 절대 게임 성사가 이루어지지 않는다. 실력도 중요하지만, 행운이 따르지 않으면

성공은 꿈일 뿐이다. 게임이지만 보이지 않는 순간 행운이 따라줘야 한다. 처음 받은 열네 개의 카드를 다 없애야, 게임당 한 사람에 만 원씩 하는 금액을 내가 다 가질 수 있다. 게임당 금액은 게이머(gamer)가 정하면 된다.

째깍째깍 시계 소리가 들리는 가운데 정해진 짧은 몇 초 안에 순발력 있게 규칙에 맞게 잘 옮겨 놓기가 어렵다. 시간 안에 숫자를 다 맞추지 못하면 자동으로 원상 복귀가 되어 생뚱맞은 새로운 숫자를 하나 더 받아야 된다. 삶에도 선택이 중요하듯이 게임에도 게임자의 빠른 선택과 결정의 순간이 중요하다. 내가 그 기회를 놓치게 되면 다른 경쟁자에게 좋은 찬스를 주게 된다. 삶도 게임도 이건 '그냥 게임일 뿐이야.' 하고 마음을 다 비우면 아무런 동요도 없겠지만, 막상 서로 경쟁이 붙으면 승리에 최선을 다하게 된다. 오락에도 집착은 금물이지만 쉽게 빠져나오기 어렵다. 그보다 더 흥미로운 일에 관심을 쏟아야 잊을 수 있다.

손자가 지금은 카탄(Catan)이라는 또 다른 게임으로 같이 놀자고 한다. 카탄 게임은 땅따먹기라고 생각하면 된다. 이건 도둑이라는 패가 나와서 상대방의 공격을 차단하고 내 공격을 유리하게 할 수 있게 한다. 주사위를 던져서 나오는 숫자에 따라 게임의 변수가 생긴다. 이것 역시 앞을 예측할 수 없는 게임이다. 딸이 옆에서 도와주지 않으면 나 혼자서 못했는데 반복하다 보니 게임 실력이 늘었다. 아들 가족이 타국에 있어 코로나19로 인해 생이별하고 있는 지금, 이런 게임으로 만남의 아쉬움을 달래고 있으니 그나마 얼마나 다행스럽고 고마운 일인지.

그렇다고 우리 손자가 게임만 좋아하는 아이는 아니다. 학교 공부에 전념하여 원하던 좋은 학교에 새로 전학하기도 하고 친구들과도 밝게 잘 지낸다. 지금 한국은 수도권이 코로나19의 온상지가 되고 있다. 아들 가족이 서울에 살다가 홍콩으로 가서, 오히려 서울이 아니고 홍콩이어서 안심이 되는 반전도 있다. 홍콩은 한국보다 코로나19에 대한 방어 대책이 철저한 편이다. 홍콩은 사스 때문에 많은 국민이 사망하여 코로나19 발병 초기 때부터 전 국민이 전염병 예방수칙을 의무적으로나 자발적으로도 잘 지킨단다. 우리나라는 백신 예방접종 수치가 올라가고 있는데도 불구하고 코로나19 확진자는 여전히 증가하고 있다. 갈수록 전염병에 대한 감각이 무방비 되어가나? 이 와중에 여행도 잘 다닌다고 한다. 과연 이 끝은 언제가 될지….

평생 인터넷 게임은 모르고 살 줄 알았는데 손자 덕분에 신세대 할머니가 되었다. 손자랑 딸과 신나게 즐기다 보면 세상도 예전처럼 돌아가겠지. 즐거우면 기쁜 희망들도 자동으로 따라서 생겨나리라.

Ⅱ. 바람의 인연

어떤 의미

봄은 화려한 댄스의 춤사위다. 온갖 꽃들의 유희로써 서서히 다가오고 있다. 남극의 두꺼운 얼음 같은 혹한이 지나고 생명의 불꽃 봄이 왔다. 본격적인 한해가 시작이 된 셈이다. 인생의 한 매듭이 이어지고 있다. 봄에는 무지개처럼 꿈이 곱게 펼쳐지고, 뜨거운 열정 여름 지나, 가을에는 풍성한 결실의 열매를 거둔다. 자연의 순리 따라 꽃처럼 피었다가 겨울이면 잠시 자연으로 회귀한다. 해마다 돌아오는 새봄은 새로운 나를 탄생시켜 새 길을 살게 한다. 햇살마다 밝은 꿈을 달아준다.

내가 살고 있다는 것은 끊임없는 꿈의 연속이다. 무슨 일을 한다는 것은 사람과 함께 활동하고 있다는 뜻이다. 눈뜨면 사람을 만나고 눈 감고 하루를 마감할 때까지 사람과의 관계가 이어진다. 사람 속에서 행복을 찾고 사람으로 인해 슬플 때도 있다. 사람 때문에 웃고 울며 인생의 마디가 굵어진다. 일정을 세워 만나는 계획된 만남보다 예상치 못한 만남이 더 많다. 우연한 장소에서 뜻밖에 귀인(貴人)을 만났을 땐, 황무지에서 빛깔 좋은 과실을 얻어먹는 기쁨을 느낀다. 그분이 온화한 미소를 띠며 다정스러운 목소리로 나에게 말을 건넬 때면 한 송이 연꽃의 고고한 향기를 맡게 된다. 돈으로 따지면 로또 복권에 당첨된 환희를 얻는다.

나와 이심전심으로 통하는 사람은 많은 말이 필요치 않다. 어쩌다 만나게 되면 입꼬리를 높여 지긋하게 미소만 띄워주어도 가슴에서 뜀틀 오고 가는 감동이 전해진다. 좋은 사람을 만나 좋은 인연을 맺게 되길 간절하게 기도한 적이 있다. 빛명상 초광력학회에 가면 그런 사람을 만날 것 같았다. 나와 생각이 비슷하고 나를 자신처럼 아껴줄 사우(師友)를 원했다. 간절함은 하늘에서 길을 열어주나 보다. 어느 날 학회 행사 때 내 옆에 신의 숨결처럼 그분이 살포시 앉았다. 새털 같은 포근한 기운이 전해져 왔다. 첫눈에 봐도 내가 찾는 친구 같은 언니임을 알게 되었다. 묵례로 서로 미소를 던지며 누가 먼저랄 것도 없이 첫 만남에 두 손을 다소곳이 포개어 인사를 건넸다. 달빛에 젖어 드는 은은한 향기를 맡는 감동이었다. 탁 트인 수평의 바닷바람 같은 평온한 목소리는 넉넉한 심성을 지녔음을 알게 했다.

사람이 만나 서로 첫인상을 감지하는 데는 3초의 시간이 걸린다고 한다. 첫인상으로 그 사람 인품이 다 드러나지는 않지만, 대부분 사람들은 첫인상을 중요시한다. 남녀가 선을 보고 일생을 결정짓는 결심도 첫 느낌이 좋을 때다. 시간이 흐를수록 친한 사이가 되는 경우도 있지만 대부분 사람은 눈이 서로 마주치는 처음 순간에 정감이 소통되는 것 같다. 자석처럼 강하게 끌어당기는 알 수 없는 첫 감정은, 반짝이는 보석처럼 서로에게 빛을 주며 좋은 인연을 맺게 한다.

만남에는 숙연(宿緣) 같은 만남도 있다. 오래 숙성되어 발효된 묵은 지 같은 고향 친구들과의 인연이다. 황토색 토담 같은 그들은 세월이 흐를수록 골동품 같은 정을 품고 있다. 가족 같은 인연으로 쉽게 변질되지 않는다. 내가 어떤 사람이라고 목에 힘을 주어 말하지 않아도 내 본심을 알아주고 믿어준다. 나의 버팀목이 되어주는 고향의 흙과 같다. 내 말이 인정되지 않고 내 의견이 허공에 날아가는 바람처럼 휑할 때, 죽마고우들은 나를 잡아주는 끈이 되어 땅 위에 발을 딛게 뿌리를 심어준다. 나의 목소리에 꿈을 담아주고 내 인격에 날개를 달아준다. 내 몸에 사람 냄새나는 향수를 뿌려주고 모든 생명을 살리는 태초의 에너지를 불어 넣는다.

정호승 작가가 방송에서 "이 세상에는 누군가 한 사람이라도 자신을 간절히 원하는 사람이 있다."고 열변했다. 내가 쓸모없다고 한탄하지 않고 잘 살아야 할 이유가 그 "단 한 사람" 때문인 것 같다. 단 한 사람의 가슴에 간절한 그 '어떤 의미'의 내가 되었을 때, 나의 존재는 그에게 세상에 하나밖에 없는 귀한 꽃으로 피어난다. 김춘수 시인의 "꽃"에서 말하는 "어떤 의미"를 말하지 않아도, 그 또한 나에게 소중한 사람의 존재로 의미 되어 있을 테니까.

새로 시작된 봄꽃이 찬란하다. 꽃의 수만큼이나 사람의 꽃 향도 다르다. 우리 모두는 커다란 화엄(華嚴)의 꽃동산에서 만나고 헤어지며 살고 있다. 누군가에게 어떤 의미의 꽃 향으로 남을 것인지는 각자의 가슴에 곱게 피고 있을, 우리들 고유의 독특한 색깔의 꽃향기와 밝고 맑기에 달렸을 것이다. 나는 누구에게 어떤 꽃으로 꽃 향을 피우고 있는가. 나의 또 다른 그들의 밝은 모습의 거울을 보며 매일 닦아 화려한 빛을 내어야 하리. 서로 마르지 않는 꿈과 희망의 의미까지도 함께 하면서.

바람의 인연

한여름 무더위 턱밑까지 숨차다. 이글거리는 태양의 열기에 천지는 생동으로 활기가 넘친다. 사계절 절정이 여름이 아니던가. 고강도(高強度) 에너지를 뿜어내며 풍성한 결실을 향한 지구는 왕성하게 분주하다. 뜨겁게 자신을 온몸으로 불태울 때, 만물은 그들답게 풍요로워지리라. 숨 막히는 여름 길을 연한 바람이 귀한 숨길을 열어 놓는다.

바람은 생명의 에너지다. 바람이 불어야 우주가 숨을 쉬고 뭇 생명이 무럭무럭 성장한다. 한 자리에 머무는 고정은 죽은 삶이요 실체가 없는 생명이다. 살아서 움직이는 모든 만물은 한 순간도 그대로 고정되어 있지 않다. 끊임없이 흐르고 흘러 앞으로 가거나 정체된 흐름을 막아주고 있다. 모든 만물과 사람은 바람으로 소통이 되고 감정으로 공감이 오고간다.

사람과 사람 사이에는 인연이라는 연기(緣起)가 적용되어, 만나고 헤어지고, 헤어졌다가 다시 만나곤 한다. 바람의 방향을 거부할 수 없듯이 만남의 관계도 인위적으로 되는 것이 아니다. 가다가 막히면 돌아가고 돌아가다 뚫리면 직진한다. 이 세상 모든 이치는 내가 하고 싶다고 다 성취되는 것이 아니고, 내가 하기 싫고 만나기 싫다고 해서 거부할 수 있는 명분(名分)이 안 된다. 만나기 싫은 사람을 매일 조석으로 얼굴을 맞대고 살아야 할 때가 있고, 보고 싶은 사람을 만나지 못하고 헤어져 살아야 하는 아픔도 있다.

"오고 가는 것에 자유로워라."는 말이 있다.

불법에는 오는 사람 막지 않고 가는 사람 붙잡지 않는다는 말이 있다. 만남의 구속에서 벗어나는 것도 내 의지요. 상대가 내 곁을 자유로이 떠나는 것도 그들의 뜻으로 생각한다. 인연의 굴레에서 오고 가는 것은 자연의 순환과 같다. 예전에는 한 번 인연은 영원한 인연이어야 내가 잘 사는 사람인 줄 알았다. 살아보니 생각이 완전 바뀌었다. 내가 아무리 좋아해도 상대가 무관심하면 그 인연은 멀어지는 인연이고, 나는 무덤덤하더라도 상대가 나를 따르고 좋아하면, 그것은 좋은 인연이라 생각하며 서로 순응하여 잘 지내려고 노력하며 산다.

내 의지로 어렵게 남을 끌고 가려고 할 것이 아니라, 타인들이 나를 좋아하는 쪽으로 내가 자연스럽게 동행하며 따라가는 것이다. 이 얼마나 마음이 가볍고 편안한지 모른다. 하루 종일 혼자 있어도 사람과 얽힌 인연으로 마음 아파할 일이 적어진다. 평소에는 다 비워 놓고 바람이 일렁이는 쪽으로 마음을 기울여 고개를 돌려 쳐다보며 산다. 검은 벽이 앞을 가리면 이유를 불문하고 조용히 후퇴하여 휘돌아 간다. 그러니 바람의 소통에는 부작용도 없고 마찰도 없다. 흘러가는 대로 내 심신이 움직이고 함께 동반만 하면 된다.

여름 열기가 숨길을 막히게 한다. 아침나절의 매미소리도 용광로 같은 가마솥 더위에 잠잠하다. 이럴 땐 끓어오르는 감정을 절제하고 조용히 마음을 가라앉혀 내면의 소리에 귀를 기울여 보고 싶다. 나를 아껴주는 가족들의 목소리가 들리고 나를 경원(敬遠)시하는 따가운 눈초리는 냉철(冷徹)한 가슴으로 와 닿는다. 자신을 향하여 뜨겁게 달아오르는 것만으로 남에게 시기와 질투의 대상이 되어, 이유없이 반목의 대상이 될 때가 있다. 무심하기로 하지만 겸손이 부재인 내 잘못이다.

나는 누구와 경쟁하고 타인과 어깨동무하며 우열을 가리는 삶이 아니라, 나 자신과 친구하고 화해하며 살아야 된다. 이 세상에서 내 삶이 다 할 때까지 남는 사람은 오직 나 자신뿐이다. 그 누구도 나만큼 나를 아는 사람은 없으며, 나만큼 나를 아껴주고 사랑해주는 사람 또한 없다. 나의 영원한 동반자인 나 자신에게 끊임없이 칭찬해주고, 격려의 표창장을 주어 자축해야 한다. 그러기 위해선 그 어떤 거센 풍파나 바람에도 끄떡없는 말뚝 배짱을 가져야 하고, 뚝심 서원(誓願)을 안고 전진해야 할 것이다.

삶의 궁극 목적은 희망의 결과가 아니라 과정이다. 매 순간에 일

심으로 기뻐하고 전심전력으로 정성을 쏟는 일이다. 나를 가꾸고 세상 사람들을 위해 작은 나눔을 실천하는 행이다. 한 순간에 우주가 들어 있고, 전생, 현생, 내생이 공존하고 있다. 살아서 행복을 누리는 지금 나의 존재여, 모든 사람을 용서하고 기뻐하며 찬탄하여야 하리라. 아직은 연소(燃燒)되지 못한 불연소의 찌꺼기가 마음 밑바닥에 까만 먼지를 안고 남아있지만, 죽는 순간까지 찰나를 놓치지 않고 묵묵히 살펴보고 지켜보고 살펴야 하리. 궁극에는 나는 바람되고, 세상 사람들은 우주의 주인공 되어 너와 내가 둘이 아닌 불이의 세계가 되어야 하리라.

그 날이 바로 오늘이요, 지금 이 순간인 것을. 그 누가 부정할 수 있으랴. 바람 불어 좋고 바람 없어 편안한 여름 한나절 정오다.

귀룽목 사연

은해사 기기암은 나와 특별한 인연이 있는 절이다. 예전에는 쉽게 오갈 수 있던 절이 아니었다. 지금은 반대로, 내가 가기 싫다고 해서 마음대로 가지 않을 수 없는 절이다. 은사 스님이 계실 땐 한없이 가고 싶었고 간절하게 가고 싶었지만, 함부로 드나들 수 없었다. 나만 가면 온 암자가 들썩거릴 정도로 스님께서 오지 말라니 어찌 내가 가고 싶다고 해서 마음 놓고 함부로 갈 수 있었으랴. 호통은 절 밖의 나뭇잎도 덜덜 떨게 했다. 오지 말라니 마음속에선 더욱 더 가고 싶은 절절함과 반항이 함께 부글거렸다.

가을 초입이다. 바람이 시원하고 햇살이 포근하다. 스님의 열여섯 번째 기일이다. 그분이 안 계신 빈 절에 초가을 햇살이 눈빛을 반짝이며 반갑게 맞이한다. 불교대학 십 주년 졸업하며 단체로 맞춘 회색 계량 한복을 정갈하게 차려입고 아침 일찍 서둘러 기기암에 도착했다. 십 년이 넘었건만 마음속에는 언제나 어제 일처럼 눈앞에 아른거린다. 절에 오지 말라는 거절을 수없이 당했으면서도 마음이 인력대로 조절이 안 되어, 야단만 맞고 무참하게 돌아서야 했던 절이다. 왜 그렇게 나를 내쳐야만 했었는지…. 집에 오면 며칠 손가락도 까딱하기 어려울 정도로 심신(心身)이 굳어버렸다.

과거 속의 나는 아린 자국의 상처만 남아 있지만 지금의 나는 자유인이다. 그 누구도 오지 말라는 사람도 없을뿐더러 스님처럼 애걸?하게 화를 내는 사람도 없다. 은사 스님께선 처음 만났을 땐 나를 대환영해 주셨다. 동행한 일행한테도 극진한 대접이었다. 정이 이슬처럼 젖어 들고부터는 냉정하게 내치셨다. 스님을 지나치게 흠모하며 따르는 속내를 알아차린 것이다. 눈빛만 마주치면 "빨리 집에 가거라." 가정주부 본연의 모습으로 돌아가라 하셨다. 우리 가정을 위하고 나 자신을 생각하여 무조건 안면 거부를 했다. '겉으로 밀어낸다고 마음마저 미워하지 않는다.'는 것을 누구보다 잘 안 내가 아니던가. 되돌아오는 목덜미에 빙설이 녹아내렸다.

세월의 무게는 나의 감정을 둔탁하게 막을 쳐 놓았다. 이제는 눈가에 이슬이 고이지 않고도 스님 기일을 편하게 맞이할 수 있다. 십육 년 동안 딱 한 번 어쩔 수 없는 일이 있어 불참하고는 전부 참석했다. 기일 날, 동행하여 갈 친구들을 물색해 봤으나 그냥 절에 가는 데는 쉽게 같이 갈 수 있었으나 스님 기일 때만은 아무나 안 되었다. 스님과 인연이 있어야 내 차에 동승을 허락하신 듯했다. 스님과 인연이 있는 보살님들을 모시고 왕래하였다. 스님을 지성으로 추모하시던 노보살님께서 올해 이승을 떠나셨다. 시간이 길어질수록 한 사람 두 사람 멀어지더니 이젠 혼자다.

추모를 해주실 신도님들은 거의 없고 스님들만 많이 오셨다. 스님과 함께 계시던 원주 스님께서 은사 스님의 제사를 정성스레 지내주신다. 스님의 음덕을 많이 받으신 신도와 둘이 기일 때마다 꽃바구니를 예쁘게 만들어 올렸다. 올해도 예외 없이 나는 꽃값을 지불하고 보살님은 꽃바구니를 화사하게 장식하여 제단 옆에 곱게 올려놓았다.

올해는 예전과 다르게 카메라를 메고 집에서 출발했다. 주지(그때 원주스님) 스님께서 올해만 은사 스님 제사를 지내고 내년부터는 백중 때 합동으로 지내고 마지막이라고 하신다. 그럼 그렇지, 나도 모르게 카메라를 들고 간 이유를 알겠다. 제사 지내고 신도들과 스님들이 다 빠져나간 빈 절을 구석구석 찾아다니며 카메라에 초점을 맞추었다.

지금의 이 감정을 화석처럼 새겨놓기라도 하려는 듯이, 스님과 소중한 추억이 있는 곳을 찾아다니며 셔터를 눌렀다. 절 마당 한가운데 두 나무가 연인처럼 다정한 귀룽목을 중점적으로 사진을 찍는다. 스님과 내가 수없이 티격태격했던 상흔은 어디 가고 없고 귀룽목의 다정한 모습이 화면을 꽉 채운다. 우람한 자태의 나무에 각도를 돌려가며 한껏 사진기 안에 담는다.

오후, 귀룽목 나무 그림자가 짙게 깔린다.

스님께선 겉과 다르게 살아생전, 내가 오는 절 입구를 빈 동공으로 수없이 쳐다보셨을 것이리라. 내치는 자의 가슴이 얼마나 아픈지는 스님의 빈자리를 절감한 후 깨달을 수 있었다. 귀룽목이 내다보는 절 입구를 사진 안에 훤하게 길을 열어놓았다. 마음이 꽉 차 온다. 다정하게 머리를 맞대고 우뚝 솟은 절 마당 한가운데의 귀룽목처럼, 우리들 슬픈 사연도 이 나무처럼 오래오래 회자(膾炙)되면 좋겠다. 한 가정의 행복을 위하여 인간 본연(本然)의 고뇌를 승화로 보여주신 은사 스님의 배려이자 제자에 대한 진정한 사랑을 말이다.

바람은 흔적 없이 불고 있다. 온 바 없이 오고 간 바 없이 가고 있다. 텅 빈 절 앞마당에 바람 닮은 구름이 산책하고 있다. 귀룽목 나뭇잎에 단풍이 곱게 물들고 있다. 바람 따라 귀퉁이에 점 하나 찍으며 나의 한 생도 단풍처럼 붉어지리라.

그곳에 가고 싶다

전라도 순천 벌교에는 한국 문학사의 거대한 산맥을 잇는 조정래, 김승옥 소설가와 정채봉 동화 작가의 고향이 있다. 거기에는 '조정래태백산맥문학관'과 정채봉 작가와 김승옥 작가에 대한 활동을 볼 수 있는, '순천 문학관'이 있다. 조정래 작가는 말한다. "문학은 인간의 인간다운 삶을 위하여 인간에게 기여해야 한다."고. 1983년부터 6년간 집필한 대장정 대서사시의 〈태백산맥〉 소설작품에 나오는 주요 배경 장소를 직접 탐방하기 위하여, 대구 문인협회 작가들이 오월의 장미 향을 따라 순천을 향하여 달려갔다.

대구 문인협회는 일 년에 한 번 전국 순회로 문학기행을 간다. 올해로 세 번째 탐방하고 있다. 5월 20일. 덩굴장미의 화려한 손짓이 눈부신 오월에 평소 존경하는 선후배 작가님들과 함께 대형 버스 한

대가 출발했다. 총 5대 중 3호로 지정된 벌교 문학기행 코스는 일찌감치 선착순 신청에서 일등으로 정원이 마감된 인기 만점의 행선지였다. 나는 작년에 손자를 봐야 하는 부득이한 여건 때문에 불참했던 아쉬움이 있어 올해 참석한 행복이 곱절로 크게 다가왔다.

처음 도착한 목적지는 '조정래태백산맥문학관'이었다. 이 문학관 건물은 세계적인 건축가 김원 씨의 디자인을 바탕으로 과거 아픈 역사를 끄집어내기 위해 벌교읍 제석산의 등줄기를 잘라내고, 2전시실은 공중에 매달려 있는 형상으로 건축되었다. 또한 통일을 염원하는 마음으로 북쪽을 향하고 있다. 김원 건축가의 최첨단 건축언어로 표현하여 북향(北向)의 조형물로 창의적이고도 훌륭한 소설 태백산맥의 혼을 담아냈다고 한다. 지구상에 마지막 남은 분단 민족의 통한(痛恨)을 종식(終熄)하고 통일의 염원을 담은 원형상(源形象)-백두대간(白頭大幹)의 염원을 담은 현대식 건축물이다. 전시실에서 마주보는 높이 8m, 폭 81m에 이르는 세계 최대 · 최초의 야외 건식 '옹석벽과'는 세간의 관심을 끌고 있다. 「원형상-백두대간의 염원」이라는 제목의 작품은 일랑 이종상 화백에 의해 시각화되었다.*

개인적으로 조정래 작가는 내가 이십 대 때 〈사랑굿〉으로 애송했던 유명한 김초혜 시인의 남편이라는 점에 관심이 갔다. 소설보다 애틋한 시를 더 좋아하던 그때, 나는 사랑의 시를 쓴 시인의 남편이 소설가라는 것에 무척 부러운 부부 표상으로 우러러보게 되었다. 김초혜 작가의 살뜰한 내조가 있었기에 위대한 '태백산맥'이라는 거대한 명작이 탄생하지 않았나 싶다. 작가는 '태백산맥'을 상재하게 된 동기가, "분단에서 야기된 여러 가지 슬픔과 비극을 구체적인 역사

*조정래 문학관 홈페이지 참고

의 진실을 파헤쳐서 모든 사람들이 제대로 알게 하기 위한, 통일의 다리가 되려는 방법으로 독자들이 읽기를 바라면서 소설을 썼다." 고 한다.

"특히 '태백산맥 문학관'을 보시는 독자들께서는 우리 분단의 비극의 원인이 무엇이고, 또 분단은 어떻게 가시화되어 왔고, 앞으로 우리 미래에서 어떻게 통일로 가야 할 것인가 하는 문제들을 심사숙고하고 지나가 버린 역사가 아니라, 분단 역사는 통일 이후까지 연결되는 우리 민족의 역사라고 하는 것을 깊이 생각하고, 반추하고, 그리고 우리의 미래를 찾아가는 길잡이로 여기고, 여기에 와서 우리 민족 비극의 뿌리를 아는 계기로 삼았으면 좋겠다."라고 한다.

문학관 내부에 전시된 작가의 16,500장의 육필 원고를 보는 순간, 온몸에 전율을 느꼈다. 작가의 인내와 노력과 고통 없이는, 훌륭한 작품의 탄생은 언감생심 꿈도 못 꿀 것 같은 경험을 하게 했다. 오늘 문학기행의 대미(大尾)는 글쓰기를 하는 한 사람으로서 눈앞에 펼쳐진 이 거대한 원고의 양을 직접 목격한 탄복의 현장 체험이 아닐까 싶다. 애독자들의 필사본이 산더미처럼 쌓인, "필사는 정독 중의 정독이다."의 전시관 장면도 엄청난 충격의 감동이었다. 건물 입구에서 단체 사진을 찍어드리고 현 부자네 집과 소화의 집을 둘러보고 순천 문학관으로 이동했다.

순천 문학관에도 역시 오월 덩굴장미의 동행은 황홀한 기쁨이었다. '정채봉관' 문 입구에는 정채봉 시인이 웃고 있다. 함박웃음으로 "동심이 세상을 구한다."며 우리들을 반기고 있다. 온화하고 수수한 연꽃 같은 시인은 "너를 생각하는 것이 나의 일생이었다."며 방문객들을 향해 사랑의 눈길을 아낌없이 나눠주고 있다. 따뜻한 그의 심성에 여행의 긴장이 스스로 녹는 순간이다. 정채봉 작가 하면 나는 법정 스님과의 대담이 항상 겹쳐서 떠오른다. 어떤 텔레비전 프로그램에서 정채봉 시인이 법정 스님께 인터뷰를 한 적이 있다. "스님도 사람을 사랑해 보신 적이 있느냐?"고 묻자. 법정 스님 말씀이, "사람이 사람을 사랑하지 않으면 사람이 아니다."란다. 이 얼마나 간단명료한 감개무량의 법문인가. 이제는 두 분 다 이 세상에서는 다시 뵐 수 없는 하늘나라 사람이시기에 그리움이 짙다.

"나의 희망은 소설이다."라는 '김승옥관'에서는 작가 김승옥 선생님을 직접 뵈는 영광을 가지게 되었다. 뇌졸중 후유증으로 말을 잃은 작가는 침묵의 잔잔한 미소로 우리들을 마음으로 반갑게 맞이하여 주셨다. 지금 말씀을 하신다면 방문한 우리에게 어떤 메시지를 남겨주실까, 궁금한 여운이 남았다. 말없이 그분의 소설, 〈서울 1964년 겨울〉에 직접 사인받고 〈무진기행〉은 사서 집에 왔다. 우리 집 자산목록으로 귀한 책 두 권이 추가되었다.

문학 작가로 전공을 꿈꾸지 않아도 벌교에 있는 두 문학관을 강력히 추천한다. 자라나는 아이들에게 우리나라의 아픈 현실을 '태백산맥'의 탄생지를 둘러보며 작가의 문학세계도 직접 경험하게 하면 좋겠다. 어른들에게는 우리 삶을 되돌아보게 하는 한국의 과거와 현실, 자신 인생의 깊은 관조와 지혜를 얻는 계기가 될 것이라 생각된다. 가족과 친구들과 함께 오손도손 추억의 한 장면을 만들어보시길 권한다. 오월이 아니어도 사계절 모두 실망시키지 않는 문학탐방의 소중한 장소가 될 것이다.

그리움이 꽃이 되어

사계절을 바람처럼 살다 보니 어느덧 이 아파트에 와서 산 지도 이십 년이 다가온다. 사람도 나이 먹으면 늙어가거늘 물건인들 별 수 있으랴. 근간에 고장이 잦은 변기가 눈물을 흘리더니 결국 자기 수명을 다하고 이승을 떠나버린다. 옛집이라 화장실이 하나밖에 없다. 다급하게 새 변기로 교체해야 한다. 잠시도 화장실을 들락거리지 않으면 안 되는 나는 부랴부랴 집을 떠나 있어야 한다. 변기가 원상 복귀될 때까지 어디서 일박을 하고 몸을 피해야만 한다. 갑자기 집에서 쫓겨나는 셈이다.

딸과 나는 억지로 등 떠밀기로 나와서 외출을 한다. 올해는 코로나19 바이러스로 인한 사회적인 거리 두기로 두문불출하느라 외박은 처음이다. 집 근처 호텔에서 숙박하느니, 가고 싶어도 장맛비와 폭염으로 미루고 미루다 못 가본 경주로 떠나기로 했다. 지난밤 태풍 '마이삭'이 대지를 강타하여 곳곳에 무너진 나무들과 흐트러지고 깨져 어수선한 경주를, 걱정 반 설렘 반으로 출발하였다. 태풍의 여운이 남아 있어도 막상 집을 나서니 가고 싶은 열정이 넘쳐 신난다. 연인을 만나러 가듯이 떨린다. 작년에 구름으로 놀라운 묘미(妙味)를 보여준 첨성대의 신비도 빨리 다시 보고 싶다.

시간은 바야흐로 백로를 지나 구월 중순을 향하고 있다. 칠월에 피는 연꽃을 만나기에는 마음이 바싹 다급하다. 그리움은 항상 아쉬움의 꼬리표가 남아 있어야만 하는가. 어디에 어떻게 갈 것인지 고민하느라 결정을 지체하다 보니 경주 동궁과월지 연꽃단지에 도착했을 때는, 해가 하늘 문턱에서 조바심 내며 어둠 속으로 스며들어 가고 있다. 여름 내내 내 가슴에 품고 살았던 연꽃의 고매한 자태는 폐허의 땅이 되어 없다. 연 줄기와 연밥은 내 마음처럼 새까맣게 타버렸고 연잎은 찢어져 몰골이 말이 아니다.

'나의 간절한 그리움과 기다림의 바람은 다 허사가 되고 만단 말인가.' 애절한 마음이 통곡으로 새어 나왔다. 공연히 옆에 있는 딸에게 투정 같은 불평으로 늦게 출발했다고, 메아리 없는 울림의 하소연만 수없이 반복한다. 연밭을 다 둘러봐도 남은 연꽃이라고는 연못 귀퉁이에 연약한 꽃봉오리만 몇 송이 보일 뿐, 만개한 절정의 연꽃은 눈을 크게 뜨고 샅샅이 훑어보아도 하나도 보이지 않는다. 그러나 이를 어찌할 것이랴. 연이 기다리다 지쳐서 생을 다 한 것을, 내 탓을 해야지 누구 탓을 할 것인가. 마음이 무너지는 허탈감만 가득 안고 숙소인 호텔로 돌아갔다.

딸이, "그래도 내일 아침 일찍 카메라를 들고 가보세요."라며 권하는 데 내 마음은 이미 포기 상태로 체념이 가득하다. 아침 햇살을 받아 진주 이슬을 머금은 연꽃의 아름다움을, 올해는 정녕 못 보고 그냥 넘어간단 말인가? 도저히 믿을 수 없는 현실이라는 듯 공상(空想)의 수레바퀴만 돌리고 있다. 눈부신 아침 연꽃을 눈도장 찍어 확인을 안 하고 갔다가는 상사병이 날 것 같다. 새벽에 다시 만나기로 하고 알람을 맞춰 놓고 잠을 청했다. 간절함은, 알람보다 몸이 먼저 일어나 반응하게 하나? 일찌감치 눈이 반짝거린다.

사진은 빛의 그림이 아니던가. 긴 장마가 여름을 다 삼켜버린 올해는 어느 날보다 밝은 햇살 만나기가 어려웠다. 햇빛을 만남은 곧 행운이다. 오늘은 바로 가을 초입에 머금은 다이아몬드 찬란한 은빛 빛살이다. 눈부시다. 그러면 무엇 하랴. 이른 새벽에 재회한 연꽃은 어제와 별반 다를 게 하나도 없으니. 연밭을 아무리 둘러보아도 이미 생을 마친 연꽃뿐, 어쩌다 남은 백련은 '마이삭'이 훑고 간 상처로 찢긴 흔적만 애처롭다.

연(蓮)인들 인간 세상과 다를까. 자연의 순리는 거역할 수 없는 것이잖아. 더구나 나는 백련보다는 홍련을 더 좋아하는지라 머리를 높여 한 바퀴 휙 돌고는 숙소로 돌아서려는 찰나였다. 그때! 저 멀리서 갓 시집온 새색시 같은, 홍련 몇 송이가 무리로 나를 보고받기며 손짓하고 있지 않은가. '저게 뭐지?' 하면서 처음에는 연꽃처럼 보이지 않아서 믿기지 않았다. 연밭 위의 다른 꽃일 것으로 생각하고 눈을 의심했다. 호기심과 신기함으로 가까이 다가가 보니 이게 웬일인가. 절정의 예쁜 홍연(紅蓮)이 나를 잊지 않고 기다렸다는 듯이 눈웃음치며 환영하고 있다. 한마디로 그것은, 놀라운 기적(奇蹟)의 발견이다.

내가 늙어서도 사랑을 품고 살게 하는 꽃!
연꽃은 나의 첫사랑이다.
만날 때마다 내 심장을 요동치게 하는 우아한 꽃
너는 나의 영원한 연인이어라.

죽어간 변기가 내게, 자신의 희생으로 주인에게 귀한 선물로 보답한 것인가. 아니면 간절한 내 마음을 간파하고 연꽃이 서둘러 나를 불러들인 것일까. 오늘이 아니면 안 되었기에 어쩔 수 없는 상황에서 달려 나왔더니 기적 같은 우리의 만남을 주선해 주었다. 올해는 코로나19 바이러스로 인한 사회적 거리두기로 강제로 발이 묶여야만 했다. 거기에 태풍까지 한몫을 하니 바깥 외출이 만만치 않았다. 이런 가슴앓이를 연꽃이 알아준 것일까. 기적 같은 깜짝 이벤트를 눈앞에 펼쳐 놓았다. 물건이 귀하면 가치도 올라간다. 때늦은 일당 천만 배의 값어치로 소중하게 다가온 그들을 향해서, 나는 하염없이 카메라 샤터를 불꽃처럼 쏟아부었다. '이 순간의 기적'을 '영원히 간직하기 위해서.'

연꽃이 나를 사랑한 덕분인지, 아니면 내가 연꽃을 사모한 덕인지,

올해 대구사진작가협회가 주최한 대구문화예술제 “연꽃사진전”에 경주에서 찍은 내 연꽃 사진이 선택되는 기쁨을 누리게 되었다. 팬데믹 코로나19가 재확산 되어서 전시회는 무한 연기가 되어 아쉽다.

내가 좋아했던 연꽃 단지가 한 군데 사라지고 없었으나 내년에도 나는 너희들을 만나러 신난 발걸음을 옮기리라. 음력 칠월의 만월이 하늘 가득 불야성을 이룬 첨성대의 전야제도, 잊을 수 없는 고마운 추억의 풍광이 되어 발길을 더욱 붙잡아주리라. 가을이 결실을 보고 있다. 마음속 사랑이 가득 담긴 간절한 그리움들이, 꽃이 되고, 시가 되고, 달이 되는, 내 인생 후반이 되기를. 우리 모두의 절실한 꿈이 되기를 열망(熱望)해 본다.

인연의 끈

여름 장맛비가 잠시 주춤하고 있다. 아파트 뒤 내리막 좁은 골목에서 포크레인 소리가 털털거린다. 도시가스 공사를 한다. 위층 아파트에서는 피아노 소리가 간간이 들린다. 손녀들이 와서 피아노 장난을 치는 모양이다. 한여름의 풍경은 사람 살아가는 소리와 더위로 분주하다.

'돈이 많은 사람은 부자고 추억이 많은 사람은 행복하다.'고 했던가. 유월 중순에 삼박오일 태국 라오스 미얀마 대구 문인협회 해외 문학기행 다녀온 감흥(感興)이, 아직도 가슴에 따뜻한 온기로 재생되고 있다. 평소 불교 나라인 태국에 가고 싶어 했는데, 가게 되어서 좋았기도 했지만, 내가 자랑스러워하는 문인단체의 기행이라 더 행복했다. 문인협회 회장님은 말씀이 그리 많지 않으시다. 어디 가서 인사 말씀을 하시는 것을 보면 간단명료하시다. 말이 짧다는 것은 겸손하시다는 표현도 되리라.

태국 홀리데이인 호텔에서 첫 밤을 자는 날, 회장님께서 우리에게 푸짐하게 과일 선물을 해 주셨다. 방마다 망고와 망고스틴 두 보따리가 보자기의 크기만큼 여행의 기쁨을 한껏 고조시켰다. 부자라고 다 베풀며 사는 것은 아니다. 윤 편집국장님 말로는 작년에도 회원들을 위해서 푸짐한 대접을 하셨다는 귀띔을 해 준다. 누군가를 위해서 내가 무엇을 나눈다는 기쁨보다 내 삶의 질을 높여주는 행복은 없으리라. 나도 닮고 싶지만, 베풂도 자리를 봐 가며 해야 한다. 돈이 있어 마구잡이로 쓴다고 다 빛나는 것은 아니다. 주인공들의 분수에 맞는 자리가 되었을 때의 나눔이라야 태양 같은 광영(光榮)을 얻게 된다. 자기 눈높이에 맞는 나눔이 조화롭게 아름다워 보인다.

일탈을 꿈꾸니 얼굴에 화색이 돈다. 꿈속의 씨앗이 현실에 발아가 되어 방금 피어난 떡잎의 설렘으로 자라고 있다. 우리는 한 비행기를 탄 가족이다. 여행지 태국 치앙마이는, 김해공항에서 태국 방콕까지 비행기를 타고 방콕에서 또 치앙마이로 가는 비행기를 갈아타야 한다. 처음에는 윤 편집국장님과 한 좌석에 타는 영광을 안았고 두 번째 방콕에서 치앙마이 갈 때는 파트너가 또 바뀌어졌다.

신표균 부회장님 옆자리에 앉아서 함박웃음을 짓던 정화해 선생님이셨다. 약간 비켜선 뒷자리에 앉아서 '참 매력적인 목소리구나!' 했었는데 그분이랑 짝이 된 것이다. 통성명하고 반갑다는 인사를 하다가 단골 암자에 이십 년 전부터 같이 다닌 신도임을 알게 되었다. 이번 초파일에도 나는 암자에서 내려오는 시간대에 선생님은 올라갔다고 한다. 인연의 고리, 갑자기 가신 은사 스님과 잊힌 아련한 회한이 밀려온다. 우리는 이미 오래전부터 한 스님을 통하여 인연의 끈이 엮어져 있었다는 것, 심장이 멎는 듯한 감동이 밀려왔다. 여행 전날 가슴이 널뛰기한 이유가 여기에 있었던 것일까. 한 많은 원혼도 나와 함께 대동하여 여행하길 기도했었다.

주부는 쉽게 외박하기 어렵다. 공식적인 허락 없인 좀처럼 기회가 없다. 집을 떠나서 삼박 누구랑 같이 잠을 잘까? 그것이 이번 여행의 설렘 중의 하나였다. 새벽에 대구에서 출발할 때 잠시 자기소개가 있었다. 누구랑 동침할까. 그 중 한 사람이 내 시선을 끌었다. 혼자 참석하였다는 분에 감정이 쏠렸다. 따지고 보면 나도 언제나 혼자가 아니던가. 혼자 오신 분에게 동병상련의 마음으로 마음이 끌렸다. 예상대로 그분이 며칠 밤을 함께 투숙할 룸메이트가 되었다.

첫날 밤 우린 서로에게 인연의 끈을 탐색하였다. 자기소개 겸 살아온 이야기를 하다가 죽마고우 내 친구 남편이 근무하는 회사 이름이 나온다. 친구 남편의 이름을 부르며 누구를 아느냐고 물으니까 이십육 년 함께 근무해서 잘 안단다. 일 년도 아니고 몇십 년을 같은 직장 동료로 알고 지내게 되다니, 가족을 만난 감회다. 금방 우리는 오래전부터 알고 지내던 친구같이 잘 지낼 수 있게 되었다. 그물망처럼 우린 이렇게 조금만 땅을 파고 들어가면 인연의 엉킨 사슬로 맺어진 관계가 되는가 보다. 근원이 한 뿌리에서 온 것이 증명되고 있다. 삼십 명이란 단체 행동에는 나(我)라는 존재보다 우리라는 의미가 더 중요하다. 더구나 우리는 한국에서 타국에 와 있지 않은가. 며칠 같은 비행기를 타고 하나의 버스로 이동하면서 밤낮으로 함께 움직이며 행동하니 끈끈한 동지애를 느낀다.

동아시아 태국은 가는 곳마다 대형 사원이 보인다. 원시 자연의 평온이 느껴지는 땅에 코끼리와 말이 놀고 있다. 도로 옆에서 한가하게 풀을 뜯는 동물들과 울이 없는 마을은 어릴 적에 자란 시골 전원생활이 그대로 옮겨온 것 같다. 화려한 황금 불상과 두 손 모은 합장 인사가, 나를 태국 시민으로 낙장불입(落張不入) 시키고 싶을 정도로 매료시킨다. 잘 아는 보현사 주지 스님께서, "노후에 미얀마에 가서 함께 수행하자."는 말을 많이 들어서인지, 욕심이 없어 하루 배부르면 만족하는 그 국민과 생활하고 싶어진다. 이목구비가 뚜렷한 도이쑤텝에서 만난 양산 쓰고 안내한 불쌍한 소년의 배웅이 가슴에 찡하게 남는다. 친아들을 놔두고 온 어머니 마음 같다. 행복한 여행의 후유증이다.

마사지로 병을 낫게 한다는 태국 전통 마사지를 두 번 받고 유황 온천도 했다. 미얀마와 라오스 국경을 관람하고 목에 링을 걸고 사는 카렌족 여인들을 직접 만난 여행의 잔상은, 지금 현실의 내 삶에 큰 위안을 얻게 한다. 큰 오라버님 같은 회장님의 후광(後光)과 자상한 봉사로 노심초사 잘 이끌어 주신 임원진들의 희생과 회원 상호 간의 고품격 배려와 질서로 여행 내내 미소가 넘쳤다. 하룻밤 광란의 춤도 잊을 수 없다. 친구가 그리워질 때면 고무풍선처럼 부풀어졌던 그때의 기억이 곱게 되살아나리라. 내년에 있을 행복한 재회에 마음은 벌써 여행의 가방 짐을 주섬주섬 챙기고 있다.

출가

한가한 여름 대낮은 잊고 지냈던 애기 스님을 나의 먼 회상에서 가까이 끌어당기고 있다. 비구니 스님이 우리 집에 숙박하러 온다니 어린아이들과 남편은 좋아서 개구리처럼 폴짝폴짝 뛴다.

스님은 진주 청곡사 성은암에서 만난 인연이 있다. 그 연으로 우리 집에 온다. 식구들은 스님이 온다고 야단인데 나는 반갑게 맞이할 마음이 못 된다. 환속하기 위해서 세속의 옷을 입으러 집에 오기 때문이다. 그런 내막을 가족들에게는 차마 말할 수가 없다. 나는 거짓말하는 사람을 싫어한다. 그래서 아이들 키우면서는 더욱 거짓말을 하지 않으려고 한다. 하지만, 그녀와 우리 가족들을 위해서 좋은 추억을 남기고 싶어서, 사실을 숨기고 조용히 입을 다물어야 했다. 스님이 승복을 입고 일박을 했다. 아이들은 유치원에 가고 남편은 출근한 후 스님이랑 둘이 시장에 가서 여자 기성복을 샀다. 그녀는 새 옷을 입고 승복은 우리 집에 벗어 놓고 떠났다. 출가했던 절에 우편으로 부쳐 주길 부탁하고 갔다.

그녀가 출가한다고 내게 단호히 자기 의지를 말할 때 나는 큰 박수로 격려해 주었다. 학과도 좋고 경쟁률이 높은 부산대학에 입학을 하고도 출가를 결심한 그녀가 대견하고, 내 분신이 수행하는 비장함 같았다. 나이가 어리니 새싹처럼 때 하나 묻지 않았다. 그 어린 나이에 홀로서기를 한다니 그저 고맙고 감사한 마음이었다. 그런 그녀가 다시 환속할 이유가 도대체 무엇이었단 말인가? 나는 안타까운 마음을 쓸어내리지 않을 수 없었다. 세속 가문의 훈기보다 불법의 문중은 엄하고 스파르타 교육과 과중한 일 때문이란다.

십 대의 아리따운 얼굴이 초췌하여 생기가 없을 정도였으니 그 고충이 얼마나 컸을지 짐작이 갔다. 그렇지만 그녀가 입은 승복은 그녀와 잘 어울리고 맞았다. 출가 전 앳된 모습과 전혀 다르게 성스러워 보였다. 이미 결정하고 왔지만, 나중에라도 다시 생각해 보라고 하고, 그녀가 떠난 후 그녀가 머물렀던 절에 옷을 우편으로 보냈다. 왜 다시 보내야 하는지는 모르고 부탁하기에 그렇게 해주었다. 그녀가 나 대신 구도자의 길을 가서 득도하길 간절히 바랐던 염원이 있었기에 마음의 빚으로 받아들였다.

젊은 애기 스님의 승복을 보내고 난 후에, 나는 송림사 일주문에서 서성이는 두 여자 중에 한 여자가 되어, 과거로의 타임머신을 탄다. 삼십여 년 전, 송림사 일주문 입구에서 두 아가씨가 얼굴을 맞대고 심각한 대화를 주고받고 있다. 이십 대 중반의 두 여자가 심오한 이야기를 한다. 젊은 나이에 인생의 먼 갈림길 앞에서 여자들이 어떤 약속을 하고 있다. 평범한 길이 아니라 남들이 선뜻 선택하지 못하는 좁은 길을 가기로 한다. '출가'라는 커다란 명분으로 한 친구는 단호한 결단을 옆의 친구에게 말했다. 반드시 자기는 그 길을 가겠노라고, 또 가야만 하는 이유가 있다고 했다. 그 친구는 자기가 그 길을 가지 않으면 안 되는 동기가 내생을 확고히 믿기 때문이란다. 친구의 아버지가 임종하실 때, 모든 가족을 불러놓고 일일이 하고 싶은 말씀을 다 전하시고는, 낮 오후 두 시쯤에 누군가에게 "준비가 다 되었나?" 하고 물으시고는 조용히 숨을 거두시더란다.

그 친구와 출가하자고 한 그해 십이월에 나는 남편을 만나 두루마리 화장지 말듯이 급하게 서둘러 결혼식을 올려 가정을 꾸리게 되었다. 원래 결혼식 잡힌 날은 섣달 보름이었는데 시댁에서 그날이 장날이라 하루 앞당겨 식을 올리기로 했다. 남편이 나를 만나 매일 돈을 쓰니, 예비 시부모님께서 하루라도 빨리 결혼식을 올리길 결혼날짜를 재촉했다. 그의 나이 스물여덟을 안 넘기는 것이 좋고, 스물아홉에는 결혼을 안 한다는 시어머니의 강요가 컸기 때문이다. 내일 결혼식을 올려야 하는데 전날 겨울밤은 왜 그리 심한 강풍(强風)이 불던지, 밖에 있던 고무통이 날아가고 세숫대야가 온 마당을 덜커덩거리며 돌아다녔다. 내 결혼 앞날을 미리 암시하고 예고나 하듯이, 바람은 예비 색시의 밤잠을 설치게 불안하게 했다.

출가와 결혼은 가는 길은 다르지만, 집을 떠나는 것은 같다. 친구와 나는 각자 다른 길로 가고 소식도 모르고 헤어지게 되었다. 한 번 입 밖으로 뱉어낸 약속은 허공에 직인이 찍히는지 모르겠다. 남들처럼 순탄하게 잘 살리라 생각하고 아무것도 모르고 시작한 내 결혼 생활은, 폭풍처럼 신혼 생활이 어지러웠다. 평탄하게 잘 살면 불법(佛法)을 외면하고 살 것이랴 싶어서인지 파도타기 풍파(風波)를 한시도 조용하게 놔두지 않았다.

중소기업 관리직에 다니던 남편은, 화이트칼라(white-collar)가 싫다며 직장을 사퇴하고 결혼 이 년 만에 개인 사업이 소원이라며 사업을 시작했다. 아내를 불러놓고 일 년만 고생하면 큰 집 사고 부자가 될 수 있다고 가슴을 부풀게 했다. 무엇을 하기만 하면 돈이 벌려 성공할 줄 알았던, 철없던 나이의 무지를 한탄하기에는, 이미 때가 지나버렸다. 잦은 사고와 부도로 어느새 빈털터리가 되었다. 그것은 스스로 출가의 약속을 어긴 내 벌이라며 마음속으로 단죄(斷罪)를 느끼게 했다.

친구는 약속대로 출가했다. 나는 속죄의 마음으로 친구가 있다는 청도 운문사에, 세속 이름으로 편지를 여러 번 띄워 보았으나 번번이 반송되어 왔다. 서로 연락이 끊기고 오랫동안 감감소식으로 지내게 되었다. 나는 생활이 힘들고 벅찰수록 아이 둘 교육에만 전념했다. 그러던 이십여 년 전에 '내가 원래 부처였구나!'라는 깨우침을 얻게 되었다. 무명으로 내가 모르고 살았을 뿐 원래 우리는 부처라는 깨우침을 받았을 때, 내 몸속에서 감당할 수 없는 엄청난 에너지가 방출되었다. 두 손에 우리 아이들 어린 남매를 잡고서는, 처녀 때 다니던 법당에 달려갔다. 급하게 도착해서는, 어머니의 품속 같은 부처님 품 안에서 비통의 눈물을 원 없이 통곡하며 울었다. 이후부터, 친정에 간 듯이 마음이 안정되고 편안하면서, 우리 가정도 원만히 하나씩 소원이 이루어지기 시작했다.

나와 출가 약속하신, 그 법우(法友) 스님을 칠팔 년 전에 어떤 경찰의 도움으로 극적으로 만나게 되었다. 출가 약속을 한시도 잊지 않고 죄책감에 살아온 나와는 달리, 그분은 그런 일이 있었는지조차 까마득히 잊고 있다. 처음에는 나를 알아보지도 못했다. 진지한 내 말에 과거를 회상하여 겨우 상기하시고는, "출가해서 살면 속가의 일은 다 잊어버린다." 고 하셨다.

수도자의 길을 한 번도 후회해 본 적이 없노라 하며, 화장기 없는 맨얼굴이, 화장을 덧칠한 내 얼굴보다 아름답고 해맑았다. 칼날을 세우듯이 마음을 정결하게 하고 사시는 그 분을 보고는 출가의 길이 어렵다는 것을 알았다. 나는 평범하게 사는 길을 잘 선택했다며 위로하게 되었다. 다 자란 우리 아이들을 부러워하시며 스님께서는 각자 다른 길로 열심히 가자고 하였다. 한편으로는 내 신심을 보고 출가하지 않았음을 많이 아쉬워하기도 했다.

나의 출가는 세속적 삶이다. 승복 입지 않은 스님으로 산다고 생각하며 산다. 여럿이 어울려 다니는 것보다 가능하면 혼자 있는 시간을 많이 가지려 한다. 타고난 사주도 그렇거니와 성격 자체도 조용한 것을 좋아한다. 빈방에 홀로 앉아 있으면 방이 곧 법당이 된다. 즐겁거나 기쁘거나 슬픈 일이 있으면 좌복(기도하는 방석)에 앉아서 마음을 고요히 가라앉힌다. 도반 스님이 가시는 그림자를 곱게 밟으며 나만의 길을 말없이 밟아 걸어가고 있다. 출가한 그 분도, 승복을 벗은 그 애도, 나처럼 집에서지만, 서로 장소에 구애 없이 선정(禪定)에 전념하며 불법과 함께 길을 잘 밝히며 살고 있으리라.

가물거리는 기억의 등불에 하루해가 저물고, 내일이 밝아오는 빛 속에도, 우리는 모두 각자의 길을 잘 가고 있길 바라고 서원(誓願)한다.

Ⅲ. 고장 난 제트기

고장 난 제트기

엄마 방에는 종이로 접은 학이 꽃병 위에 앉아 있다. 화분에 있는 앤슈리엄꽃은 닭 벼슬처럼 붉고 꽃 수술은 병아리 입처럼 뾰족하다. 새색시 방처럼 아늑하게 꾸며놓은 방문 정면에는 리모컨이 달린 커다란 텔레비전이 있다. 방 입구 소형 냉장고에는 엄마가 좋아하는 과일과 음료수, 빵과 마실 물이 들어 있다. 어느 때 냉장고를 열어 봐도 먹을 것이 정갈하게 넣어져 있다.

마흔여덟 평 넓은 아파트에 엄마 방은 현관문 오른쪽이다. 거동이 불편하여 화장실 출입이 조심스러우니 의자처럼 생긴 변기도 있다. 누워있으면 지겹다고 의자를 하나 장만해서 들여놨나 싶었더니 현대식 변기란다. 팔십 중반일 때만 되어도 노인이 사는 방 같지 않게 깔끔하였는데 구십을 넘고는 뭔가 모르게 구린내가 난다. 올케가 부지런히 닦아주고 씻어주어도 노환에서 오는 늙은 세포는 어쩌지 못하는 것 같다. 엄마가 이불 속에 번데기처럼 몸을 오그려 누워있으니 쳐다만 봐도 마음이 슬퍼진다.

긴 병에 효자가 없다고 했다. 오빠 집에 처음 오실 때만 해도 여러 형제와 오빠 내외는 엄마를 떠받들었다. 온 가족들이 엄마에게 집중이 되어 너도나도 관심을 보이며 좋아했다. 막내아들이 멀리서 통장으로 용돈을 꼬박꼬박 보내주면 오빠가 찾아서 엄마에게 드렸다. 큰아들 집에 기거하면서도 작은 아들 용돈을 쓰니 엄마의 자존심은 늙어도 기가 죽지 않았다. 머리만 희고 힘이 없지, 마음마저 할머니가 되는 것은 아니었다. 관절용 파스도 사서 붙이고 먹고 싶은 과일이 있으면 며느리한테 돈을 주어 사 달라고 큰 소리 치던 것도 몇 년을 넘지 못하였다.

친정과 우리 집은 가깝다. 같은 대구라도 극과 극에 살 때는 가까운 우리 동네로 이사 온 것을 얼마나 감사했던지. 운전대를 잡고 오래 있지 못하는 나로서는 하늘의 축복처럼 고마운 마음이 들었다. 어차피 엄마를 보러 다녀야 하고 엄마에게 무슨 일이 있으면 시간이 자유로운 내가 엄마의 시중을 들어야 하므로 모든 게 신의 가피로 느껴졌다. 그러나 자주 만나면 좋기도 하지만 듣고 싶지 않은 말을 들어야 할 때도 있다. 간섭하고 싶지 않아도 간접적으로 간섭이 될 때가 있다. 한 집에 고부가 하루 종일 같은 공간에 머물다 보면 각자 목소리가 높아진다. 아주 사소한 것 가지고 의견 충돌로 부딪칠 때가 많다.

나는 클 때 엄마가 되면 다 행복한 줄 알았다. 수건을 머리에 두르고 호미와 낫을 들고 들로 나갈 때의 젊은 엄마는 항상 발걸음에 힘이 넘쳤다. 신바람이 나 있었다. 엄마의 얼굴에는 늙어도 그늘을 보거나 불평불만을 늘어놓는 적이 거의 없다. 엄마의 삶은 언제나 달콤한 꿀맛이 난다. 다리가 불편하여 겨우 일어서서 빨래를 널어도 엄마는 그 일 자체가 기쁨이고 즐거움이다. 걸레질을 해도 행복이요. 마른빨래를 가지런히 챙겨도 입가에 미소가 번진다. 내가 어른이 되어 살아보니 행복한 일만 있지 않다.

엄마는 끊임없이 책을 본다. 안질이 좋지 않아 눈물을 연신 훔치면서도 성경책을 옆에 펴 놓고 항상 읽는다. 젊을 때 자식들을 위해서 들에 나가서 일만 하시던 엄마가 아닌 것 같다. 엄마가 클 때는 아들만 공부하고 여자들은 한글도 배우지 못했던 암흑의 시절이었다. 어깨너머로 익힌 한글로 구십이 되도록 책과 씨름을 하시니 대한민국 어머니의 표본으로 느껴진다.

젊을 때 엄마 별명은 제트기였다. 제트기처럼 걸음이 빠르고 행동이 민첩하니 딸인 내 머릿속에 그렇게 각인이 되어 있다. 빠른 속도처럼 잔소리도 많다. 그러나 엄마는 이제 곳곳에 고장이 났다. 제대로 조립되지 않은 고장 난 제트기처럼 몸이 말을 듣지 않는다. 혼자 서지도 잘 못하고 단추 하나 남의 손을 빌리지 않으면 똑바로 꿰지 못한다.

"너 늙어 봤어? 나 젊어 봤다." 하시던 가수 서유석의 특강 역설이 생각난다. 엄마 나이까지 늙어보지 않으니 그 처지를 어찌 다 헤아릴 수 있을까. 집으로 모셔 오고 싶어도 우리 집은 오빠네 집만큼 환경이 좋지 못하다. 방 두 칸을 딸과 우리 부부가 사용해서 엄마 계실 공간이 없다. 집은 하나의 핑계에 불과하겠지만 남편이 뇌졸중 시술로 잠시도 마음을 놓지 못하고 있다. 남편 건강 걱정 때문에 엄마에게는 마음을 못 쓰고 있다.

다시는 일어서서 훨훨 날 수 없는 고장 난 제트기는 우리 엄마의 육신과 같다. 딸이 할 수 있는 유일한 하나가 있다. 엄마가 좋아하시는 과일을 번갈아 가며 철 따라 사다 드리는 것이다. 어린아이처럼 밥 보다가 간식과 과일을 더 좋아하시는 엄마를 위해서다. 매끈한 살색의 새콤한 살구와 껍질째 드시는 고구마와 입에 넣으면 사르르 녹는 빨간 홍시, 엄마가 좋아하는 과일들이다. 엄마의 이 세상 삶도 끝까지 과일처럼 달콤했으면 좋겠다.

뿌리를 적시는 물줄기

늦가을 베란다에 때 잊은 철쭉꽃이 피고 있습니다. 하얀 치아를 드러내고 칠순 동안(童顔)의 아버지가 꽃 속에서 웃고 계십니다. 살아 계실 때 못다 준 정 아쉬워 함박꽃 되어 딸의 집에 오셨나 봅니다.

가진 것 없어, 줄 것 없어 미안해하시던 마음 가지고 오셨으리라. 가을 햇살 안고 문턱 넘어 사랑을 부어주고 계십니다. "아버지" 딸이 부르는 순간, 당신은 언제나 제 곁에 와서 다정한 모습으로 저를 바라보고 계시지요. 보이지 않고 들리지 않지만 분명 반가운 얼굴로 아기처럼 좋아하시리라. 어떻게 사시나요. 지금도 덜 익은 벼를 입으로 벗기시며 두꺼운 쌍꺼풀 껌뻑이며 상념에 젖으시나요. 무엇을 그리 골똘히 생각하셨나요. 인생 반 고개를 넘기도록 부모님의 고마움 모르고 철없이 살아온 딸이 옵니다. 용서하시옵소서…….

꾸중보다는 칭찬만 하시던 아버지, 당신은 언제나 저의 든든한 후원자이자 좋은 친구였습니다. “어릴 때 참 예쁘고 키도 클 줄 알았는데….” 키 작은딸이 안쓰러운지 저를 볼 때마다 말씀해 주셨지요. 여느 부모님이 다 그렇겠지만 제 기억 속의 아버진 딸에게 늘 커다란 용기와 자신감을 불어넣어 주셨습니다. 미래를 안겨다 가슴에 심어주셨습니다. 우직한 고집과 외모를 쏙 빼닮은 아버지 때문에 어머니랑 사이가 금이 가는 날에는, 미움의 언저리가 내게 불똥이 떨어지곤 했지요.

아버지는 노환으로 죽음을 인지하시고도 몸소 수술을 거부하셨습니다. 고향의 언덕 집에서 어머니가 만든 땅콩죽을 드시고, 고무풍선에 바람 빠지듯이 아주 조용히 눈을 감으셨습니다. 죽을 들고 들어간 어머니께 빙그레 웃는 모습이 마지막이었다지요. 열다섯 살 때부터 담배를 피워 폐 사진은 아예 숯검정으로 된 종이처럼 까맣게 되어있었죠. 육신이 썩어 들어가면 고통도 수반해야 하거늘 아버진 뼈만 남은 검은 체구 외에는 외형적으로는 통증이 없었던 것 같습니다. 식욕 부진이 있었고 간간이 헛손질과 환청을 느끼는 것 외에는. 여름부터 음식을 잘 못 드시고 크리스마스이브, 지금은 장로가 된 아들이 지켜보는 가운데 임종을 맞이했습니다. 평생 가난을 짊어지고 사시면서 마음은 순수한 농부의 자식으로 한 생을 마감했지요.

책상 위에는 아버지가 보시다 만 일어책과 옥편, 국어사전이 재떨이와 함께 유품으로 우리 곁에 남아있습니다. 본업은 농부인데 당신은 늘 책을 옆에 끼고 사시니 어머니의 불만이 하늘을 치솟았습니다. 하고 싶은 공부를 마음대로 할 수 없는 환경이어도 아버지의 그런 모습이 자랑스러웠습니다. 이생을 마칠 때까지 열정적으로 학문에 전념하시던 아버지의 생활 태도를 나도 내 자식들에게 그렇게 남겨주고 싶습니다.

자연으로 왔다 대지로 떠나신 아버지의 산소는 봉분이 없습니다. 흔적 없이 사라진다는 아버지의 유지를 자식들이 그대로 받아들인 것입니다. 시골 고향 마을에는 지금쯤 가을바람이 아버지의 멋진 친구가 되어주고 있겠죠. 자식들의 발길도 원하지 않고 오직 혈혈단신 의연히 가시겠다는 당신의 의지였습니다. 아버지, 자식들에게 호강받지 못하고 힘들게 농사만 짓다가 떠나야 하는 아쉬움을 막내딸인 저에게 말씀하셨지요. 건강하시기 때문에 평생 농사지어 자식들에게 나누어주지 않으셨냐며 딸은 매몰차게 말씀드렸지요.

부모가 자식을 선택하는 것이 아니고 자식이 부모를 선택하여 태어난다는 이치를 불교에서 배웠습니다. 이 세상에 함께 존재하고 있진 않지만 내가 살아있는 동안은, 내 마음의 뿌리에 아버지의 넉넉한 사랑의 샘물은 마르지 않고 있습니다. 모나지 않는 마음으로 언제 어디서든 나에게 핏줄로 젖줄로 가슴 가득 사랑이 넘쳐흐르고 있습니다. 가을 철쭉꽃의 미소는 어둠이 내려앉아도 변함이 없습니다. 애틋한 눈길로 나를 바라보고 있습니다. 꽃이 진다고 하여도 머물던 당신의 사랑은, 사라지지 않는 향기가 되어 오래도록 딸을 지켜보며 보호해 주시겠지요. 하늘나라에서 부디 평안하시기를 빕니다.

엄마를 기리며

봄꽃이 팝콘처럼 꽃잎을 날릴 때면 우리 형제들은 꽃을 찾는 벌나비처럼 한곳에 모인다. 꽃향기처럼 피어나는 유년의 추억을 쫓아서 엄마가 떠난 공백을 그리워하며, 한방(一房)에서 자란 우리는 해마다 이때 만난다. 엄마가 자식들에게 귀하게 물려준 유산처럼, 일년 중 가장 좋은 봄날에 어머니 생신을 기념하고 가족들 사랑을 확인하러 우리 형제들이 얼굴을 마주 대하게 된다.

음력 춘삼월 보름은 엄마의 생신이다. 그때는 언제나 봄의 절정이다. 평생 가족 사랑을 받고 사시다 가신 분답게 엄마 생일 때는 세상이 화려하다. 엄마가 살아 계실 때에는 전국에 흩어진 형제들은 그날을 중심으로 엄마를 뵈러 대구로 달려왔었다. 지금 당신은 이 자리에 안 계시지만 우리들 가슴에는, 곱게 피어난 한 송이의 목련처럼 각자 추억의 향기를 품고 영원히 아름답게 남아 있으리라. 되돌릴 수 없는 과거는 늙지 않는 초상화처럼 불멸로 가치로.

작년 연말에 위절제수술을 한 나로서는 올해 우리들의 만남이 더 특별하게 와 닿았다. 당장 죽을병은 아니었지만, 식도와 아주 가까웠던 위벽 뒤의 큰 물혹을 제거하는 수술이, 결코 가벼운 수술만은 아니었다. 남편과 같이 치료하러 병원을 향해 가는 도중에, 하늘에 계신 부모님의 크신 사랑을 온몸으로 감지할 수 있었다. 우주의 천체 기운은 나를 살리려 무수한 별들을 쏟아내었다. 유능한 의사와 친절한 간호사들을 만나서 기적처럼 수술을 마치고 아무 일도 없는 듯 예전처럼 잘 지내고 있다. 부모님의 사랑은 자식이 눈에 보인다고 걱정을 하시고 눈앞에 보이지 않는다고 외면하시겠나. 내가 부모가 되어 살아보니 그 마음을 조금은 헤아릴 수 있을 것 같다.

작년에는 나만 아픈 것이 아니었다. 큰 언니도 무릎 인공관절 수술을 두 번 받았고, 둘째 형부는 교통사고를 크게 내셨고, 오빠도 교통사고가 크게 났는데 차만 심하게 부서지고 사람은 마법처럼 괜찮았다. 집마다 크고 작은 고비를 한 번씩 넘겼다. 이제 우리 형제들 평균 나이가 육십 중반을 넘고 보니 한 해 한 해가 더 살가운 의미로 와 닿는다. 그것뿐인가. 대학교 졸업하자마자 대기업에 근무한 동생이 올해 정년퇴직을 했다. 그의 인생에 크나큰 변환의 전환점이 되고 있다. 교직에 있다 퇴직한 오빠는 정년퇴직한 지가 벌써 몇 년이 되었다.

철없이 나이만 먹은 예순셋인 나는 아직 학생이다. 못다 한 공부에 대한 열망을 잊을 수 없어 작년에 방송대 영어영문과에 편입학하여 지금 만학 중이다. 형제들 모임 때마다 시험 날짜가 앞뒤로 연관되어 아슬아슬하게 피해 다니며 만나게 된다. 작년에는 모임 날 다음 날이 시험일이었고 올해는 시험 치고 만나게 되는 행운을 얻기도 했다. 살아생전 엄마는 내게 늘 이런 말씀을 하셨다. "너는 공부가 그렇게 좋으냐?", "왜 그렇게 공부만 하려고 하느냐?" 나는 엄마가 내게 이런 말을 자주 하며 불만을 표시하시는 것을 세상에서 제일 듣기 싫어했다. 그런 엄마가 싫다 못해 원망도 했었다. 때로는 내가 불행한 딸이라고까지 생각했다.

세월의 꼬리를 이어 귀하게 태어난 손자, 그 아이도 앉으나 서나 책을 좋아한다. 손자만 보이는 이 할머니가, 손자의 향학열에 뒷전이 되어 외면을 당하는 신세가 되고서야, 엄마가 내게 토로한 공부에 대한 불만을 이해하게 되었다. 알 수 없는 마술의 인생. 아, 이제야 엄마의 그 속마음을 이해하게 되다니! 사랑하는 손자가 자기 공부에 빠져서 옆에 있는 할머니도 잊을 때가 많은 걸 보고, 엄마도 이런 마음이었구나! '공부도 좋지만, 엄마랑 더 많이 시간을 보내고 같이 놀자고 하신 말씀이었구나.', "공부 그만하고 할머니랑 좀 같이 놀자." 엄마랑 똑같이 손자에게 나도 구걸 같은 부탁을 하지 않는가. 자식이란 바로 옆에 있어도 보고 또 보고 싶은 마음을, 엄마가 이승을 떠나신 이제야, 원망의 긴 물음표에 대한 후회와 참회의 마침표를 찍을 수 있게 되다니. 엄마의 속뜻을 알아차릴 수 있다니.

'딸이 공부를 많이 못 했는데도 불구하고 엄마는 자식에게 미안해하지도 않고 공부를 못하게만 하는 우리 엄마!'라고 이제 미워하지 않을게요. 엄마랑 자주 함께하지 못해서 죄송합니다. 앞을 가늠할 수 없는 내 결혼 생활 때문에 부모님 생각할 겨를이 없었음을 깊이 사죄드립니다. 그러나 엄마는 마음껏 저를 도와주실 거죠. 건강 때문에 주저앉을 것만 같은 딸에게 힘과 용기를 주십시오. 아버지가 계실 때 제일 행복하셨다던 우리 엄마, 이제 하늘에서 아버지랑 영원토록 행복하세요.

눈부신 이 봄날, 그대들의 사랑으로 우리가 존재하고 있음에 큰절 올립니다.

비행기 떠나고

밤새 어둠을 무섭게 몰아붙이던 돌풍은 어디로 사라졌는가. 무거운 아파트가 날아갈 것 같은 강풍이 아침 햇살을 앞세워 조용히 사라지고 있다. 며칠 새침데기 시어미의 심술보 같은 미로의 짙은 하늘이 활짝 문을 열어 놓고 봄맞이하고 있다. 이틀 전 도롯가에 함박꽃으로 피어난 벚꽃의 안부가 궁금해진다.

봄은 천지에 꽃들의 향연으로 찬란하다. 이 눈부신 계절에, 하늘을 비상하는 비행기를 타고 딸이 사월 초하루 베트남으로 떠났다. 대학교 강사 파견 근무로 삼십이 년 만에 엄마의 품에서 독립하여 나비 되어 날아가는데 왜 난데없이 나의 어머니가 간절하게 그리워질까. 두어 달 전에 이승을 떠난 엄마가 왜 느닷없이 내 가슴 속에 온통 자리를 잡고 눈물을 쏟아내게 하는지.….

엄마가 이승에서 영원히 눈을 감고 고요히 영면에 들 때도 가슴만 쓸어내렸지, 소리 내어 크게 한 번 통곡하지 않았던 이 비정한 딸이 말이다. 자식이나 부모에게 강한 집착은 번뇌의 원상이라며 애써 속마음을 누르며 괜찮은 척하던 이성이, 갑자기 어린아이처럼 순수의 마음으로 돌아가 눈물이 말을 잡아먹고 있다. 아는 지인에게 전화로 마음을 털어놓는데 말 대신 눈물만 쏟아져 나온다.

"그래 시간이 지나면 더 그립고 생각난다고 하지 않더냐."

그분의 다정한 위로가 오히려 눈물을 마구 부추긴다.

살아생전 엄마는 혼잣말처럼 가끔 내게 이런 말씀을 하셨다. "나는 속이 다 미어지는데 지는 신혼여행 간다며 생글생글 웃으며 가더라." 내 시집갈 때 서운했던 마음을 하소연하듯이 내뱉으셨다. 내가 어미가 되어 딸을 멀리 보내본 경험이 없는 나로서는 그 마음이 가슴에 와닿을 리 만무하였다. 스물네 살 어린 나이에 아무것도 모르고 시집와서 한 남자의 여자로 불나비처럼 하루살이를 살아가다 보니, 엄마의 마음쯤은 까마득한 옛 얘기로 흘려들었었다. 그런 하루들이 어느덧 삼십 년을 훌쩍 넘기고 보니 엄마는 우리 곁에 안 계신다.

어릴 때 우리 집은 가난했지만, 집안의 분위기는 온돌방처럼 따뜻했다. 넉넉한 부자는 아니었지만, 화목하게 서로 오순도순 챙기며 살았다. 그와는 반대로 나의 결혼 생활은 처마 끝의 바람맞이 '풍경'과 같았다. 잠시도 한곳에 머물지 못하고 댕그랑댕그랑 소리를 내는 무방비 상태의 풍경과 같았으니, 어찌 엄마의 마음을 헤아릴 마음 적 여유가 있었던가. 지금도 수시로 초저녁인데도 불구하고 술 한 잔으로 취기가 되어 들어오는 남편을 바라보면, 내 모든 감각이 일순간 멈춰지면서 바늘 위의 통증을 느끼게 한다.

강 건너 불 보듯 산 넘어 물 보듯 태연하게 받아들일 수 없는, 인생 난마(人生 亂痲)의 딸과는 달리, 술 한 잔 드시지 못하는 남편을 둔 우리 엄마는 어찌 이 딸의 마음을 헤아릴 수 있었으랴. "네가 좋아서 시집을 가지 않았느냐."며 오히려 엄마의 속상한 마음을 내게 돌려버리곤 하셨다. 남자는 술을 한 잔씩 할 줄도 알아야 하고 김 서방은 부지런하여 직장 생활은 잘한다며 딸을 나무라곤 했다. 우리 가정의 앞날을 위하여 무조건 인내를 필요로 하게 하고 사위 편만 들었다.

이제는 내가 엄마가 되어 역지사지가 되었다. 아주 어릴 적 우리 딸은 엄마 아니면 안 되었다. 유별나게 낯가림이 심하여 엄마가 안 보이면 아무것도 먹지 않고 밤새 울기만 하였다. 떼어놓고 화장실에서 볼 일도 못 봤다. 내 몸에서 떨어지는 순간, 온 동네가 시끄러웠다. 남편 사업 실패로 집안이 어려워도 아이만 쳐다보며 지낼 수밖에 없었다. 딱히 능력이 없어서이기도 하지만 엄마를 닮고 엄마가 없으면 안 되는 딸 때문이었다.

그런 반면 딸은 우리 집의 귀한 선물이었다. 태어나자마자 우리 집을 경제적으로 자리를 잡게 했다. 남편과 언젠가는 헤어져야지 하는 이혼에 대한 갈등의 종지부(終止符)도, 엄마밖에 모르는 딸 때문에 마침표를 찍게 해 주었다. 복덩이 효녀가 탄생한 셈이다. 한 아이의 생명이자 내 핏줄을 위하여서 나(我)라는 존재는 죽어 희생해도 괜찮다는 마음을 다지게 했다. 아들은 내가 의지할 든든한 버팀목이었고, 딸의 평온한 얼굴은 나의 모든 악조건을 웃으면서 참을 수 있게 했다. 행복을 만들어 살아갈 수 있는 희망을 가지게 했다.

오직 나의 목표이자 꿈은, 어릴 적 우리 집처럼 단란하게 사는 것이었다. "인고의 열매는 달다."고 했던가. 기도하고 정성들인 보답으로 예전에 내가 클 때의 친정처럼 우리 집도 그렇게 평온하게 변하였다. 풍파의 바람은 잠잠하고 서로 다독거리고 위로하며 사랑하고 산다. 아무런 말 없이 묵묵히 지켜보고 계셨던 어머니의 크나큰 사랑의 소원성취가 아닐까.

엄마가 가신 후 남편이 가정적으로 되어 다툴 일이 적어졌다. 하늘에서 우리 가정을 지켜주고 계시는 어머니의 큰사랑 덕분이 아니고 무엇이겠는가. 엄마의 사랑은 이승을 떠나서도 변함이 없다. 딸을 싣고 날아간 비행기는 내 가슴에 온통 사랑으로 그리움을 채워놓고 있다. 못다 나눈 우리 엄마의 사랑과 함께.

되돌이표

봄이 현관문을 열고 훌쩍 집안으로 귀빈처럼 오셨다. 마음이 수런거리는 날, "띵 똥", 문자 하나가 날아왔다. "신세계 백화점에서 금일택배 도착 예정입니다." 신청한 물품이 없는데 택배가 배달된다니 잠시 멈칫거렸다. 옷 사는 일 외에는 백화점에서 물건을 사는 일이 잘 없다. 혼수철이라 사돈집에서 무엇을 보냈는가 보다 하고 궁금해 하고 있었다. 혼수 예단으로 사돈과 만나서 한 달 전에 의논하고는 한참 지나는 바람에 까마득히 잊고 지냈다. 택배 아저씨로부터 커다란 보자기의 물건을 배달받고서는 그제야 이불임을 눈치챘다.

바쁘게 포장을 벗긴다. 가위로 빨간색 이불 보자기 묶인 부분을 자르고 핑크빛 이불보를 풀고 나니 연녹색과 감청색 무늬의 이불이 얼굴을 내비친다. 청실홍실의 베개도 한 쌍 있고 쿠션이 좋은 방석도 세트로 있다. 어른이 된다는 실감에 심장이 뛰면서 좋기도 하고 약간은 두려워진다. 좋으면 행복한 감정만 알을 품고 있으면 될 것을, 굳이 내 결혼할 당시의 그림이 어제 일처럼 머릿속에서 회전하는 것은 무슨 심산인고. 뇌가 좋은 일은 쉽게 잊으면서 안 좋은 일은 평생 녹화가 된다고 하더니 나 역시 예외가 아닌 모양이다. 조금 있으니 서울 가서 맞추어 놓은 결혼식 날 입을 한복이 예고 없이 동시에 도착한다. 이 역시 박스는 짙게 물든 동백꽃 색이다. 징이 울리는 두근거림으로 차례로 한복을 입어보니 시어머니라는 타이틀의 한 여인이 새 모습으로 탄생한다.

이 좋은 날, 제일 먼저 우리 시어머니가 눈앞에 화현하여 나타나신다. 나야 우리 집 보다가 잘 사는 며느리를 만나니까 마음이 든든하고 편안하지만, 처녀 때 나는 가난하여서 시어머니의 기대에 만족시켜 드리지 못했다. 결혼식 날 한복이 어떻게 잘못되었는지 시어머니 맞춤옷이 완성되지 않았던 모양이다. 다른 사람 옷을 빌려 입었는데 옷이 많이 컸다. 친정이 시골에 있다 보니 서로 소통이 어긋난 모양이다.

결혼식 날, 시어머니는 커다란 한복을 연신 치켜올리며 하객들에게 얼굴을 구기며 성난 카리스마를 보였다고 한다. 우리 시모를 보고 친구들과 친정 식구들은 혀를 내둘렀다. 보통 성격의 시어머니가 아닐 것이니 내 시집살이가 걱정된다는 것이다. 겉으로 드러난 그 까칠한 성격이 어찌 어디 갔으랴. 남편이 나와 시어머니를 처음 대면 시켜놓고 결혼하겠다고 통보하던 그 순간부터, 시어머니는 내 가슴에 시도 때도 없이 가시로 콕콕 찌르셨다. 우리 엄마에게는 아예

정수리에 대못을 박으셨다. 마음에 덜 찬 며느리에 대한 심술이었지만 새색시의 항변은 있을 수 없었다.

"키도 작고 허리는 한 줌이고 아(애)는 낳겠나?". 수십 번 선을 보러 다니던 아들이 어느 날, 소문도 없이 낯선 아가씨를 데리고 와서 결혼하겠다고 하니 놀란 토끼 가슴이었으리라. 아가씨에게 돌아간 아들의 눈빛에 시어머니의 마음은 사시가 되어 돌아갔다. 둥지를 떠나는 새의 날갯짓은 어미의 심중에 거친 회오리바람을 일으키게 했다. "내 아들"이라는 기고만장은 남의 딸쯤은 안중에 들어오지도 않으셨다. 세파에 방패막이 두껍지 않은 나는 여리디여린 꽃술의 아픔만 남았다. 이유 없는 죄인이 되어 소리 낮춰 고개 숙이는 일이 익숙하지 않았다. 시어머니의 한풀이는 엄마에게도 쇄도했다. 충격과 자존심으로 문어처럼 뒤틀리던 엄마의 팔은 딸 낳은 죄 밖에 없었다. 시어머니의 날카로운 서슬은 십 년 가까이 풀이 죽지 않았다.

내 혼수 이불이 화근을 한몫 더 보탰다. 시댁에 가서 한 번씩 잘 때마다 내가 혼수로 해 간 이불이 시어머니의 가시를 밖으로 뱉어내게 하는 빌미가 되어 주었다. 우리 신혼 이불은 솜이 두껍고 좋은데 시부모님 이불은 얇고 가볍단다. 내 보는 앞에서 이불을 손으로 접어서 집어 던지는 시늉을 하신다. 그 와중에 자취할 때 같이 있던 남동생마저 동거인으로 데리고 시집왔으니 억울함에 눈에는 핏물이 흐르고 있었다. 나의 구세주는 아버님이셨다. 아내의 거센 불만에도 아랑곳하지 않으시고 아들에게 단번에 "오케이" 하시며 환영해 주셨다. 천군만마의 그 백은 만근의 짐을 덜어주는 수호신의 힘이었다. 사별하기 전까지 또 한 분의 친정아버지가 되어 나의 울이 되었다.

가족의 밥그릇 수는 시어머니를 다른 사람으로 환생시켰다. 노구(老軀)의 시어머니는 젊은 시절 독가시는 어딜 가고 중생을 보살피는 천수천안의 관세음보살님이 되어 옆에 계신다. 팔순에 딸을 동원하여 며느리 김치를 해주시질 않나, 상추, 시금치, 부추 등을 떨어질 날 없이 다듬어서 인편으로 보내신다. 통나무처럼 누워서 끙끙 앓던 허약함도 우리가 가면 살아 돌아온 송장처럼 자리에서 벌떡 일어나셨다. 갈 때마다 잔칫 집처럼 물김치며 가재 젓이며 생선찌개와 국을 푸짐하게 한 상 지어놓고 기다리셨다. 우리 식구들에게 충성한다고 면박하는 당신 딸에게, 얼굴에 웃음의 주름 길을 열어 놓으셨다. 마른 고목처럼 갑자기 쓰러지기 전까지 우리 가정과 내게 애정을 쏟아주셨다.

지금 우리 시어머니는 기억의 저장 테이프가 고장이 났다. 과거의 일은 남아 있되 지금의 기억은 없다. 과거에 멈춘 기억은 그 순간에 정지되어 미래가 없다. 그때에만 뱅글거린다. 당신의 뇌에는 현재 진행형이 없어졌다. 고장 난 뇌는 기이하게도 좋은 것만 재생시키는 신기루 같다. 다행스럽게 좋은 것만 저장하여 놓고 되새김질하며 왕복하고 계신다. 음표의 되돌이표와 같다.

한 번씩 병원에 가면 나는 시어머니께 어린애가 된다. 신혼 시절의 새색시가 되어 하얀 면사포를 쓰고 시어머니께 그때 섭섭한 마음을 어리광으로 표현해 본다. 그러면 시어머니는 단번에, "미안타" 하신다. "너한테 못 해준 것을 후회한다. 네가 이해해라."며 주저 없이 표현하신다. 꿈인 양 앙금이 풀어진다. 현재 기억은 없으셔도 염불을 놓지 말라고 부탁한 며느리 말은 새겨놓고 계신다. "어무이예,

힘들면 염불하며 기도하세요." 하면 "오냐오냐. 알았다." 하신다. 종교를 믿듯이 며느리 말을 믿으신다. 기도하신 음덕일까? 마음을 비운 연습 덕분일까? 세월의 깊이만큼 정의 두께가 굵어졌다. 십 년은 시어머니로 사셨지만, 나머지 세월은 친정어머니처럼 잘 해주셨다.

시간이 회전하여 젊은 그 며느리가 시어머니가 되고 있다. 내가 할머니가 되면 나의 며느리가 시어머니가 될 것이다. 그 며느리도 또 시어머니가 된다. 인류가 멸망하지 않는 한 돌고 도는 인생 순환의 고리가 될 것이다. 끊임없이 반복되는 며느리와 그 며느리의 되돌이표 음표와 같다. 영생으로 돌겠지만, 나에게는 두 번 반복되지 않을 귀하디귀한 나만의 시어머니와의 인연이다. 환자지만 관세음보살님처럼 자비로 내 곁에 계시는 당신께, 이 불초 며느리, 감사의 마음을 담아 큰 경배를 올리옵니다.

엄마의 삶

봄바람이 휑하다. 엄마를 쳐다보고 병아리처럼 조잘거리던 우리 형제들 기쁨이 만났다 헤어졌다. 춘삼월, 엄마 생신날. 멀리 또는 가까이에서 회오리바람처럼 오목렌즈의 햇빛처럼 엄마를 향한 에너지가 형제들 떠나간 뒤 멀어진 발자국처럼 흩어졌다. 알 수 없는 알싸한 바람이 가슴을 여민다. 엄마 나이 아흔둘이다. 올해가 정녕 마지막이 아닐까 하는 의구심이 막내딸 가슴을 후려친다. 우리 집 근처로 엄마 간병 중인 병원을 옮겼다. 호루라기처럼 호로록 뛰어다니며 엄마랑 많이 친해졌다. 장맛비에 물 스며들듯이 모녀의 정이 깊어졌나 보다.

봄 햇살을 가슴에 안고 엄마에게 빛을 뿌리는 마음으로 달려간다. 이제는 매일 엄마 얼굴을 직접 확인하여 눈도장을 찍어야 마음이 놓인다. 날마다 발걸음 향하지만, 갈 때마다 내 심장 박동은 불규칙하다. 아직은 자식들을 알아본다. 더도 덜도 말고 지금 이대로만 사시길 빈다. 두 달 전에 고관절 뼈가 골절되어 봉합 수술을 했는데 경과가 나이에 비해 좋단다. 이 얼마나 다행스러운 일인가. 어머니 사후의 빈자리를 지금 채우기 위해 후회 없이 체온을 비벼본다.

엄마 목에 빨간 복주머니 목걸이가 걸려 있다. 아들딸 사위 며느리들이 각각 한 장씩 넣어놓은 엄마의 용돈이다. 돈이 있어도 쓸 줄을 모르니 저승 노잣돈이나 다름없다. 딸이 "엄마 천국에 가서 맛있는 거 사 먹을 돈"이라니, "야는 무슨 그런 소리를 다 하나."하며 펄쩍 뛰신다. 엄마에게는 죽음이란 단어는 도저히 인정할 수 없고 받아들일 수 없는 높디높은 산이다. 평생 청춘이요. 당당한 배짱일 뿐이다.

엄마의 정신 수위는 그 누구도 정상으로 통하지 않는다. 한군데 비고 마음이 약간 모난 것이 때로는 함께 있는 사람에게 굴곡의 여유를 안겨줄지도 모른다. 마주 바라보는 사람에게 일일이 시시비비의 눈빛으로 알고 싶어 하시면 너도 지치고 나도 힘들 텐데. 갑자기 엄마가 혼자서 두 눈을 똑바로 바라보며 천장을 향해 반짝이는 형광등 불빛을 보고 홍수가 나고 불이 났다며 요란스럽다. 그런 사람에게 누가 옳고 그름을 탓하고 논 하리요. 모든 것이 자연 통과요. 그 어떤 허물도 용서되지 않는 것이 없다.

때로는 모든 대인관계도, 갑론을박을 떠나 무조건 용서해야만 되는 상대라며 한 발짝 물러나서 너그럽게 넘어가면 다툼이나 마찰, 분별이란 없을 것 같다. 각자의 개성을 장거리 선수 단거리 선수로 비유하면 안 될까. 장거리에 강한 사람이 있고 단거리에 뛰어난 사람이 있다. 어느 쪽을 선택해도 인생에서는 빠져서는 안 될 필수 종목들이다.

짧고 강하게 살다 죽느냐? 가늘고 길게 살다 가느냐? 무채색의 바탕에서 오색의 꽃무늬가 봄 동산을 수놓는다. 자연의 또 다른 탄생의 거룩한 시발점이다. 봄은 죽었던 영혼이 다시 살아나고 꺼졌던 희망이 꿈으로 피어나는 계절이다. 사계절이 꿈만 피어나고 희망만 분수처럼 솟아나도 체력이 고갈되리라. 우주의 섭리는 느렸다 빨랐다 움츠렸다 내달렸다 쉬었다가 앞으로 나간다. 엄마의 구십 평생 인생과 우리들 삶과 같이.

갈대

순천만 갈대가 온몸으로 말을 하고 있다. 늦가을 바람에 몸을 휘저으며 무용수의 혼신으로 무언의 메시지를 전해주고 있다. 마지막 잎의 간절한 몸짓으로 떠나는 자의 아쉬운 작별 인사를 한다. 낮은 몸을 스르르 부대끼며 나에게 속삭이고 있다.

갈대처럼 야위었던 아버님의 말소리가 들린다. 누웠다 일어났다 몸을 뒤척이며 방 안 구석에서 숨찬 가슴을 헉헉대시던 아버님의 말씀이 갈대밭 속에서 들려오고 있다. 인간에게 길을 내어 가슴을 열어놓고 마음을 풀어놓은 순천만 갈대밭은 아버님의 생시 가슴이다. 평생 며느리를 향해 사랑해 주시던 자애의 몸짓이다. 무리를 지어 합창하는 갈대의 노래는 아버님이 들려주시던 며느리가 대찬가로 들린다. "며느라, 밥 많이 먹어래이" "며느라, 갈 때 많이 싸 가지고 가거래이.” 나를 볼 때마다 들려주시던 아버님의 그 말씀이 갈대밭 속에서 술렁거리며 내 귓전에 휘리리 들려오고 있다. 그동안 어떻게 살았으며 여기까지 어떻게 왔느냐며 와락 손을 내밀고 계시는 것 같다.

당신이 가시던 십 년 전 춘삼월은, 봄꽃들의 대향연이었다. 장지를 향하는 산길에는 하얀 찔레꽃이 소복을 입고 눈물을 흘렸으며, 당신의 고향 땅은 하얀 감자꽃이 묵례로 애도를 하였다. 산길마다 봄꽃은 형형색색으로 만국기처럼 펄럭이며 당신 가시는 길을 슬퍼하였다. 떠난 자의 안타까운 여운이 산자의 가슴에 남아 젖은 물기를 남기고 있다. 살아서 못다 한 아쉬움을 오늘, 환영으로 마른 몸이 되어 갈대 속에 꼿꼿하게 서서 며느리를 반겨주고 계신다.

며느리를 처음 만나던 날, 아버님은 싱글벙글하셨다. 아들이 결혼하겠다고 데리고 온 예비 며느리를 보고 이설 없이 단번에 흔쾌히 승낙하셨다. 어머님의 심한 불평에도 아버님은 언제나 방패막이로 자신의 넓은 가슴으로 화살을 다 받아 안아 주셨다. 사시는 동안 며느리에게 화 한 번 내신 적 없는 호인이었다. 딸들은 아버지를 무서워해도 며느리는 무서운 줄 모르고 살았다. 추석이면 자식들 몸보신해주겠다며 도랑에 가서 미꾸라지를 손수 잡아 추어탕 재료를 어머님께 드렸다. 당신 닮은 후손들에게 보양식을 주고 싶어 하였다. 그런 아버님을 남편과 아들이 삼 대로 닮았다.

아들보다 며느리를 사랑했던 아버님이시다. 우리 집에 가끔 놀러오시면 딸에게 얘기하듯이 가슴 속에 묻어놓은 말씀을 털어놓곤 하였다. 아버님의 첫사랑을 며느리인 나에게 말씀을 해 주실 정도로. 당신 총각 때는 일본서 살았단다. 일본서 사랑하던 연인을 놓아두고 어른들의 성화에 못 이겨 잠시 선만 보고 가겠다던 한국행이 그만 결혼까지 하게 되었다. 아버님은 삼대 외동아들이었다. 부모님의 청을 거절하기 어려워서인지 아니면 어머님을 더 사랑해서인지는 몰라도, 어쨌든 아버님은 연인을 둔 상태에서 결혼을 하게 되었던 모양이다. 결혼 후 일본에 가서 그 여인을 한 번 만나게 되었다. 한 번만 보자는 그분의 청을 아버님이 들어주셨단다. "만나자마자 그 여인이 내 옷을 다 찢더라." 신혼 초에 들은 얘기이니 새색시가 얼마나 충격이 컸겠나. 어머님은 아버님이 좋다고 섬기고 계시는데 내 머릿속에는 얄궂게도 그 얘기가 좀처럼 잊히지 않고 오랫동안 머물러 있었다.

'어쩌면 그 여인이랑 내가 닮은 사람은 아니었을까.' 혼자 엉뚱한 상상을 해보기도 했다. 당신이 가신 후 딸들에게 "아버님의 첫사랑" 얘기를 털어놓았더니 두 딸은 눈이 휘둥그레지며 놀란다. 아버지의 사랑에 대해 놀랐고 며느리한테 말한 사실에 대해 충격을 받았으리라. 옆에서 묵묵히 듣고 계시던 어머님은 말없이 웃으시며 알고 있었다는 눈치를 주신다. 아버지의 임종을 지키지 못한 한(恨) 때문에 아버님 가실 때는 어떤 일이 있어도 임종을 지켜야겠다는 염원이 있었다.

아들이 군대 가서 휴가 나왔을 때 병원에 계시는 아버님께 문병하러 갔다. 불과 이십여 일 입원한 터라 그리 빨리 가실 줄은 몰랐다. 아들은 문병 갔다가 다음 날 할아버지 임종을 보고 장례식까지 마치고 귀대했다. 온 가족이 다 모인 가운데 당신은 먼 길을 떠나셨다. 마지막 숨길을 고르는데 내 입에서는 대책도 없이 자신도 모르게

"남편과 잘 살겠으니 걱정하시지 말라"며 테이프를 틀듯이 반복하여 아버님 귓가에 외쳐대고 있었다. 술과 담배를 좋아하는 남편 때문에 아이들 다 키우면 같이 살지 않으리라는 며느리의 속내를 알고 확답을 들으시려는 것일까. 어떤 힘에 의해서 주문처럼 간절한 말이 입 밖으로 나왔다.

아버님은 천식으로 오래 고생하셨다. 아버님은 술을 드시지 못했지만, 남편은 애주가다. 남편에게 불만이 많은 며느리의 하소연을 잔기침을 하시면서 묵묵히 듣기만 하셨다. 당신 떠나신 지 십여 년, 아들인 남편은 담배도 술도 이젠 조금씩 한다. 갈대가 다시 말을 한다. 마지막까지 자식들에게 짐이 되지 않으리라는 아버님의 굳은 의지가 갈대의 몸짓이 되어 바람에 큰 율동을 주고 있다. 숨이 멎는 하루 전까지 흔들리는 갈대처럼 바르르 떠시며 손수 화장실에 다니셨다. 부모님의 책임감은 그렇게 위대하다.

마른 몸을 하늘에 의지한 채 바람에 휘날리는 갈대는 아버님의 전신 같다. "정직하게 살면서 남에게 많이 베풀며 살아래이." 배고픈 이웃에게 쌀자루를 나눠주시던 생전의 아버님 사랑이 전해온다. 해마다 가을이 되면 갈대 닮은 생전 아버님 모습이 그리워진다. 한 생명이 태어나 자연으로 회귀하는 일이란 신의 환생처럼 경건하게 느껴진다. 갈대 사랑은, 자연이 주는 선한 영향력으로 사람에게 전승되어, 자연과 사람은 하나로 어우러져 영생토록 흘러가고 있다. 갈대 바람 또한, 무언의 경전처럼 내 가슴 한복판에 크나큰 생명 에너지가 되어, 나와 함께 오래도록 공존하고 있을 것이다. 아버님의 무한한 내리사랑처럼.

Ⅳ. 뿌리는 열매를 달고

영재를 꿈꾸며

"관찰하고, 육성하고, 응원하는 영재발굴단"

나는 요즘 육아방송에 나오는 영재발굴단 프로그램에 심취해 있다. 하루에 세 번 본방송과 재방송으로 나눠 나와서 편한 시간대별로 선택하여 볼 수 있다. 한 가지 일에 전심전력하는 어린 천재들에게 말할 수 없는 충격적인 가르침을 받는다. 그런 아이들은 나와 다른 세계의 타고난 재능을 가진, 신에게 특별히 특혜받은 존재 같다. 남의 아이들이지만 내 자식처럼 기특하여 프로그램을 보는 내내 감탄사가 절로 나온다.

영재 아이는 하루하루가 눈부신 창작의 신의 한 수다. 누가 강요하거나 시켜서 하는 어린이는 한 명도 없다. 본인 스스로 몰입과 창작에 집착하여 무한한 노력을 하고 또 한다. 그 조그만 아이가 하루의 절반을 한 가지 공부에 전념하여 반복하고 있다. 그렇게 하여도 잠자리에 들 때면 부족하여 다시 책을 보고 악기를 든다. 그것을 지켜본 부모는 좋아서 칭찬하고 격려할 줄 알았는데 대부분의 부모는 아이의 건강을 위해서 말리고 심지어 걱정하고 있다.

출연한 모든 영재가 내 아들 손자, 손녀로 반짝거리며 귀엽고 기특하고 자랑스럽다. 내 뱃속에 태어나야 내 자식이고 우리 가족이고 후손은 아닐 것이다. 우리나라는 물론 인류의 인재들이 아닌가. 그 애들을 만나고 나면 나도 모르게 신바람이 절로 나서 몸이 움직여지고 글쓰기에 전념하고 싶고 나도 그들처럼 창작을 무한대로 쏟아낼 것만 같다. 그들을 보고 있노라면 나의 유아 시절처럼 느껴져, 까마득히 잊고 지냈던 과거 무의식의 동심이 슬금슬금 되살아나서 무언가 하고 싶은 욕구를 발동하게 한다.

오늘은 난청으로 인공와우를 끼고 다니는 열두 살 이건우를 만났다. 집 안에 있는 앉은뱅이 자전거를 타면서 그 아이의 행동에 따라 나도 몰입해 봤다. 건우가 말한다. "잠시라도 공부하지 않으면 남들에게 뒤처질 것 같고 세상에 낙오가 될 것 같아 불안해서 안 된다."고. "가만히 있으면 너무 불안하다고…."

주인공으로 나온 천재의 공통점이, '가만히 있으면 불안하다.'이다. 자기가 잘하는 대회에 나가면 일등을 싹쓸이한다. 그런데 나가는 것마다 일등을 하지 않으면 불안해서 울고 난리를 친다. 가만히 들여다보면 나도 잠시였지만, 학교 다닐 때 일등병에 사로잡혀 일등을 놓치면 심한 스트레스를 받았던 기억이 있다. 시험 치는 기간에 집에 손님이 오셔서 밤늦게까지 얘기하면, 작은 봉창 사이로 새어 나오는 말소리 때문에 공부에 집중이 안 되어 봉창을 두들기다가 엄마한테 혼 난 기억이 있다. 진짜 영재와 나의 차이점은 집중도가 완전히 다르다는 것이다. 서너 살 아이가 독학으로 국어를 줄줄이 읽고 영어는 기본, 일본어 · 독어 · 불어 · 스페인어 등 여러 나라 언어를 꿰차고 있는 것을 보면 눈으로 보고도 안 믿어진다. 에디슨이 말한, "천재는 99%로의 노력과 1%의 영감으로 타고났다."고 하는 말이 실감 난다. 그러나 노력의 집중도가 아무나 쉽게 되는 것이 아닌 게 문제다. 얼마나 성숙한 생각으로 노력하면 자기 부모가 자기 아이 안에 어른의 영혼이 들어있다고까지 할까.

영재의 하루는 남다르다. 평범한 일반인에게는 그저 그런 날일지 몰라도, 천재의 하루는 창작과 창의로 노다지가 쏟아지고 있다. 무에서 유를 창출하여 보배들이 주렁주렁 꿰어져 옥구슬처럼 무한대로 만들어지고 있다. 우리는 누구나 한 번쯤은 나 자신이 남보다 조금이라도 우월한 그 무언가가 있기를 바라고 있다.

그렇다면 지금부터라도 남들보다 애써 노력하는 열정파가 되어야 하지 않겠나. 며칠 정신없이 피곤함에 지쳐서 밤잠에 취한 나는 언제 영재를 꿈꾸며 실천하려는지. 영재의 또 다른 공통점은 독학이다. 혼자서 세상의 낙오자처럼 살아가는 만학도인 나도, 어설픈 독학에 전념하고 있으니, 영재의 이웃사촌이라도 되려나. 꿈은 꿈꾸는 자의 몫이 아니던가.

도전하고 실패하여도 무한 반복으로 꿈을 완성하여 가는 나도, 영재의 열정을 담아 내일의 성공을 꿈꾸며 보낸다. 비록 노년을 향하는 세대 차이는 있어도, 늙어가는 것이 아니라 익어가는 숙성으로, 어린 꼬마 천재들과 함께 즐거운 일과를 같이 보내니, 이 또한 최상의 삶의 기쁨이 아니고 무엇이겠나. 고희를 바라보는 나이에 책상에 앉아서 더듬거리며 영어단어를 외우는, 천재 흉내를 내고 싶은 나의 노후도 궁금해진다.

새로운 도전

어둠의 장막을 걷어 제치고 햇빛 길을 따라 봄이 오고 있다. 봄에는 겨우내 묵었던 꿈이 새싹처럼 돋아나 꽃처럼 피어난다. 나도 해마다 설레는 마음으로 새잎 되어 다시 태어나고 싶다.

올봄에는 빈곤한 내 곳간에 당찬 꿈을 하나 채워보고자 영어 공부에 도전하기로 했다. 그 결과 예순둘에 방송대 영어영문학과 합격 통지서를 받아들었다. 해묵은 나의 포부와 앙증맞은 손자의 사랑이 없었다면 감히 엄두나 내 볼 꿈이었던가. 손자랑 영어로 소통하고 싶어서 아무 겁도 없이 저지른 일이 반가운 소식이 되었다. 글로벌 시대라 세계가 하나로 움직이는 세상이다 보니 시대적 교육 현황도 가파르게 바뀌고 있다. 우리가 아이들을 키우던 팔십 년대 때는 언감생심 꿈도 꾸지 못했던 영어 조기 교육 시대다. 그때에는 넉넉하게 먹고 입고 살기도 힘들었던 시절이었다. 이십일 세기인 지금은 유치원에서 영어교육을 가르치지 않으면 이상할 정도로 교육 환경도 삶의 질도 변했다.

나는 해마다 색다른 도전을 꿈꾸며 살아왔다. 가난으로 인해 십 대 때 못다 한 한을, 중년을 맞이하여 하나씩 도전하여 성취하는 기쁨을 누리며 산다. 사람에게 사주팔자라는 것이 존재하는 것일까? 글월 문(文) 달에 태어나고도 나의 십 대 때는 되는 것보다 안 되는 것뿐이었다. 이십 대는 더 심했다. 결혼 후, 남매를 낳아 아이들 책을 읽어주면서 잃어버린 꿈을 하나씩 재생시켰다. 막내딸이 유치원에 가고부터 내 꿈을 위해 배움을 향해서 밖으로 나가게 되었다. 에어로빅을 시작으로 도서관에 다니며 서예 전시도 하고 아이들 피아노 치는 학원을 견학하러 갔다가 "도미솔" 피아노 소리에 반해서 만 삼 년 밤낮으로 피아노를 치며 음악에 심취했던 적도 있다. 아이들과 피아노 치는 친구가 되어 마구잡이 음을 쳐서 청음 테스트도 해주며 같이 음악을 즐겼다.

불혹의 나이에 손해보험 영업사원이라는 직업에 도전하여 이십 년 넘게 하고 있다. 그땐 젊어서 입사 시험도 당당하게 만점을 맞았다. 신혼 때 남편의 사업 실패로 가난을 벗어나지 못하는 가계에도 경제적인 도움을 주고, 정해진 시간의 틀에 구애받지 않는 일이라서, 하고 싶은 공부나 취미를 내 자력으로 해 보고 싶어서 시작했다. 어렵고 힘든 영업 일이지만 용기 내어 도전하여 지금까지 하고 있다. 내가 노력한 만큼 보상이 따르는 세일즈맨은 불법(佛法)의 인과응보가 명확하게 현실에 적용되고 있다. 콩을 심으면 콩이 나고 팥을 심으면 팥이 나는 한 치의 오차도 없는 오직 노력의 대가만 있을 뿐이다.

남에게 부담 주고 피해 주는 것을 싫어하는 소심한 성격이, 오늘까지 이 일을 할 수 있는 것은, 오직 나만의 진실과 양심과 정직이 얻어낸 성과라고 긍정하고 자부하고 싶다. 순리대로 지나친 욕심은 부리지 않고 나만의 분수에 맞게 정성껏 마음을 모아 업무에 충실한 덕분일까, 큰 소득은 없지만 오늘까지 소일을 놓지 않고 이어지고 있다. 처음 초보로 시작할 때에는, 고생하는 누나가 안쓰러워서 대기업에 다니는 동생이 큰 힘을 보태주었다. 화재보험과 자동차보험은 의무적인 보험이라서 고객들에게 큰 무리 없이 다가갈 수 있다. 거래처가 거의 지인들이다. 지금은 손해보험 총괄대리점에 다니는데 회사 대표님의 배려로 자유스럽게 일을 한다. 오래전부터 매일 출퇴근하지 않고 프리랜서(freelancer)로 집에서 일을 할 수 있으니 이 얼마나 고마운 일이 아니고 무엇이겠나.

덕분에 간절하게 하고 싶었던 못다 한 공부나 글쓰기 등 취미 생활을 병행하며 부업처럼 일을 하고 있다. 아마도 대부분의 지인은 집에서 전업주부로 살고 있는 줄 알고 있다. 그렇지만 직업인으로서 업무를 볼 때는 신속, 정확, 신뢰를 근본으로 두고, 진심을 다해 자리이타(自利利他-자신을 위할 뿐 아니라 남을 위하여 불도를 닦는 일)의 마음으로 언제나 내 일처럼 고객을 생각한다. 나를 믿어주고 밀어주는 업체들과 친정, 시댁 가족들의 도움이 있기에 오늘의 내가 건재(健

在)하게 존재하고 있다. 나를 오늘에 있게 해 주는 그분들은 평생 은인이다. 잊어서는 안 된다.

끊임없이 창의적인 나의 새로운 도전들은 타인의 무시와 사회적인 냉대와, 어려운 환경일수록 더 열정적인 삶을 살도록, 전화위복(轉禍爲福)의 동기부여가 강하게 되어왔다. 구십 년대에 방송대 국문학과 공부를 하다가 같은 해에 불교대학에 가서 만 십 년 꼬박 불교공부에 빠졌었다. 기타 틈새로 운전면허증 같은 잔잔한 자격증도 취득했다. 내 마음은 좋았는데 몸이 힘들었던지 성대결절로 한동안 말이 제대로 나오지 않아서 고생했다. 결국 큰 병원에서 시술하여 일주일 동안 말 못 하는 벙어리가 되는 충격적인 경험이 있다. 완치가 되었지만 아직도 성대는 취약하다.

문학에는 이십 오륙 년 전 시(詩)를 시작으로 문단에 발을 들여놓았는데 시인의 타이틀은 못 따고 뒤늦게 이천십일 년도 이른 봄에 수필가로 등단하게 되었다. 수필은 자기 자신이다. 삶과 글이 둘이 아니기에 진실한 삶을 살게 한다. 대구 일간지 매일신문과 영남일보의 시민기자가 되어 팔 년 동안 활동하고 그 사이 사진작가 자격도 취득했다.

이 년 전에 예절 지도사 자격증을 취득하여 예절 강사에 도전하려고, 거의 일 년을 매주 토요일의 모든 주말 행사를 제쳐두고 예절교육 강의에 전념하며 시간을 보냈다. 예절 지도사가 되어 애들에게 모범이 되고 싶었지만, 여건이 맞지 않아 꿈을 접었다. 나 자신에게 몰입할 수 있게 만든 지금의 자유에 오히려 고맙고 감사하다. 그 작년에는 오카리나의 청아한 소리에 매료되어서 일 년 동안 열심히 오카리나 악기 연주에 시간 가는 줄 모르고 즐겼다. 두 번이나 중학교 대강당에 서서 아이들 보는 앞에서 행복한 나눔 봉사 공연도 했다. 대중이 많을수록 신명이 크다.

체계적인 고등교육의 학문 공부는 어렵지만 보람이 있다. 이십 년 전에 국문학과를 졸업하면서 너무 힘들고 버거워서 다시는 정규 대학생이 되지 않으리라는 꿈을 다시 잡았다. 영문과에 입학하기 전에, 들어도 무슨 말인지도 모르면서 일 년을, 영어방송을 들으며 귀를 열어놓고 기다렸다. 길다면 길고 짧다면 짧은 일 년의 간절한 소원이 드디어 다가왔다. 십 대 소녀처럼 설레고 떨리면서 격랑의 파도를 타듯이 가슴이 요동을 친다. 새로운 학문에 문을 열어 외국인과 직접 영어로 대화를 자유롭게 하는 게 최종 목표다. 세계 여행도 그들과 소통하며 마음 놓고 혼자서 다닐 날을 꿈꿔본다. 장차 미래 꿈의 준비 과정으로 방송대 출신들이 많이 참석하는 미군 부대 면회실에서, 곧 미국 군인들과 영어 회화 공부를 할 예정이다. 앞으로 저녁 시간도 바빠지겠다.

끊임없이 새로운 분야에 도전을 꿈꾸며 실천하는, "꿈이 있는 사람은 아름답다."

뿌리는 열매를 달고

사람은 자연이다. 자연 속에 사람이 존재한다. 사람은 자연으로 왔다가 자연으로 돌아간다. 우리는 자연과 어울려 아옹다옹 사랑하며 살아가고 있다.

사람은 태어나고 식물은 씨앗과 뿌리로 번식한다. 탄생이 없는 사람이 없듯이 뿌리 없는 식물은 없다. 사람은 머리가 제 역할을 못하면 식물인간이라고 한다. 식물에 있어 뿌리는 사람의 머리와 같다. 뿌리가 죽으면 나무는 수명을 다한다. 사람의 뇌 기능과 동일하다. 뿌리는 사람들 눈에 드러나지 않고 있다. 그 바닥을 드러내면 나무는 죽게 된다. 진리는 눈에 보이지 않는 이치와 같다.

뿌리는 사람들 눈에 보이지 않는 어두운 땅에만 살고 있다. 땅은 모든 생명의 모태다. 모태 속에 뿌리가 튼실해야 줄기와 잎이 무성하고 열매가 건실하다. 나만 바라보는 우리 집 베란다의 꽃나무에 나는 그들의 어머니와 같다. 매일 사랑스레 지켜보며 온 정성을 다하여 뿌리에 영양분을 주기 위해 물과 거름을 준다. 조건 없는 사랑은 결코 배신하지 않는다. 시간을 두고 지켜보면 금방 꽃과 잎이 생기를 찾아 주인에게 방긋한 보답을 준다. 자연과 함께 공존하는 우리 가족의 구성원이 된 소중한 생명들이다.

가만히 식물을 바라보고 있으면 우리 선조들의 거룩한 역사가 생각난다. 그들은 보이지 않는 꽃의 뿌리 같은 존재다. 그들이 보이지 않는다고 없는 것으로 함부로 무시해선 안 된다. 뿌리는 곧 나를 이끌고 가는 심신의 결정체니까. 또한 모든 뿌리의 존재는 사람의 미덕과 같다. 태어나기 이전에 내가 지어놓은 업(業)일 수도 있고 후손으로 내려가는 미래의 선업(善業)이기도 하다. 식물들이 병충해로 죽지 않게 하기 위해서는 사람의 정성스러운 보살핌이 필요하다.

사람이면 누구나 행복하길 원하듯이 나무도 이왕이면 양질의 토양에서 살고 싶어 하지 않을까? 그러나 나무 임의로 환경을 선택하여 자라나지는 못한다. 사람들이 부모를 맘대로 선택하여 태어나지 못하듯이 나무나 식물의 환경도 똑같다. 누군가 자리를 옮겨 따뜻한 태양과 수분의 영양분을 골고루 섭취하도록 환경을 조성해 주어야만, 나무가 원하는 충실한 열매를 얻을 수 있다. 그것이 행복한 식물의 운명적 삶이 될 것이다.

모든 대자연의 모태는 땅이다. 우주의 생명을 다 품고 있는 거룩한 성지다. 땅속 물을 길어 먹던 어린 시절이 있었다. 십 미터 층층이 돌계단을 지나 이끼 낀 틈새로 솟아오른 맑은 물을 두레박으로 길어 먹었다. 땅속 깊은 곳에서 조금씩 모인 물을 위로 끌어올릴 때마다 물의 뿌리가 궁금했다. 긴 시간 고뇌 후, 성인이 되어, 부모님으로부터 내가 태어나고 나로 인해 내 후손이 이어지고 있는 것과 같이, 물의 근원은 모든 생명의 원초적 시작임을 알게 되었다. 부모님은 내 뿌리이고 나는 씨앗이라고 믿었다. 자식을 낳아 길러보니 자식이 뿌리이고 부모는 거름이고 물이다. 거름은 생명이 죽어 자기가 없어야 한다. 거름이 자기 목숨에 연연하면 다른 생물의 식물을 살릴 수 없다. 부모의 마음은 땅의 본질과 같다.

변함없는 일상의 테두리에 가끔 자신이 무기력(無氣力)하게 느껴질 때가 있다. 하지만, 엄마라는 자리는 어둠을 물리치고 고난의 삶에 빛을 받게 한다. 그 자리만 잊지 않고 있으면 희망의 꿈이 꽃망울을 품게 된다. 반대로 조금이라도 게으름을 피우면 가족에게 바이러스 같은 피해를 준다. 부모의 생각이 올바르지 못하면 집안 곳곳에 녹이 슬고 일상생활에 굵은 먼지가 낀다. 독야청청 푸르러야 할 가족의 세포가 곰팡이 냄새를 내게 된다.

한 가정이 무너지면 이웃에게 피해를 주고 사회 전체 환경에 영향을 주어, 가족의 개념이 붕괴하고 파괴되는 단초(端初)가 된다. 집마다 모태인 어머니가 중심이 서 있어야 한다. 그래야만 자식인 뿌리에서 씨앗이 번식하여 대를 이어 줄기와 가지가 무성하게 뻗어나갈 수 있다. 모태의 정신이 죽어 있으면 식물의 잎과 줄기를 오염시켜 뿌리를 죽이듯이 후손이 제대로 살아갈 수 없다.

나라는 존재는 미약하지만, 어머니라는 위치는 가정에 핵심이 된다. 중요하지 않을 수 없다. 늘 주위를 깔끔히 정돈하고 청결히 하여 세포의 활동을 주시하듯이 자식들을 위해 신경을 써야 한다. 어머니의 활동이 어느 한순간도 정지되거나 멈추어서는 안 된다. 그래야 가족 모두가 끊임없이 옆을 살피고 사람의 향기를 날릴 수 있다. 가족 간에 서로 애정의 손길을 주고받을 수 있다. 평온해 보이지만 삶은 늘 세심하게 긴장하며 살아야 된다.

내가 물려받은 부모님의 성스럽고 싱그러운 사랑의 뿌리를 자손에게 어떻게 넘겨줘야 할까? 일생을 바쳐 남겨 놓을 내 삶의 흔적들은, 나의 마지막 죽음이 열매가 되어 후손에게 생명의 화두로 남게 될 것이다. 내가 올바른 정신으로 한순간도 허투루 살지 않아야 하는 이유는, 나와 연계된 우리 가족들의 소중한 생명을 지켜야 하는 책임과 의무감 때문이다.

오늘도 변함없이 몇 안 되는 꽃밭에 부지런히 물을 길어 사랑으로 듬뿍 뿌려주고 있다. 그 기운이 멀리 해외에 살고 있는 아들 가족에게도 전해지리라. 내가 살아 있는 한, 나는 우리 집의 뿌리이자 튼실한 열매이어야 한다. 우주가 살아있는 한 이 생명의 순환은 영원하리라. 뿌리는 곧 열매요, 열매는 곧 뿌리의 근원이다.

아름다운 마무리

"끝이 좋으면 다 좋다"는 옛말이 있다.

아름다운 마무리는 모든 일의 참다운 종결을 의미한다. 그 과정의 소중함도 포함되기 때문에 그런 말이 있지 않을까. 특히 한 사람의 거룩한 마지막 죽음은 그 사람의 인생 전부를 대변해주듯이 아주 숙연하고 소중한 순간을 느끼게 한다. 법정스님을 보시라. 그 분은 살아생전의 올 곧은 삶을 그대로 반영하듯이 온 국민이 지켜보는 가운데 소박한 "아름다운 마무리"의 열반을 하셨다. 그 장면을 보고 감동하지 않은 사람은 없었으리라. 죽음은 슬픔이요 끝이 아니라 또 다른 희망과 삶의 의미를 담은 메시지를 우리들에게 남겨주셨다.

우리나라는 경제적으로는 세계적으로 선도적 역할을 하지만 불행하게도 전 세계적으로 자살률일위의 불명예를 안고 있다. 지금 한 국회의원의 투신자살로 온 나라가 애도의 물결로 혼란스럽다. 그 광경을 지켜보는 내 마음도 착잡하다. 나는 정치에 대해서는 아주 문외한이다. 그 사람이 살았을 적에 국민을 위하여 어떤 공적 기여를 한 것인지에 대해서는 내가 아는 것도 없을뿐더러 거기에 왈가왈부할 마음도 전혀 없다. 그러나 한 나라의 국민으로서 또한 한 인간으로서 그의 마지막 죽음의 선택에 대해서는 참담한 심정을 금할 수 없다. 꼭 그런 죽음의 선택만이 그가 국민을 위하고 나라를 위하여 살아온 한 국회의원으로서의 최후의 선택이었을까를 생각했을 때, 통탄해하지 않을 수 없다.

나도 언젠가는 최후의 순간이 올 것이다. 어떤 모습으로 어떻게 이 세상을 떠날지는 몰라도 적어도 내 스스로 목숨을 함부로 버리지는 않을 것이다. 그것이 내 첫 번째 삶의 신조다. 산다는 것은 바로 고(苦)의 탄생이요, 삶은 곧 인내의 시간이라고 한다. 나 역시 살면서 개인적으로 어려움을 겪고 힘든 순간이 왜 없었을까. 그러나 나는 부모님 사랑으로 자란 덕분인지 자살이라는 끔찍한 단어는 한 번도 생각해 본 적이 없었던 것 같다. 아마도 앞으로도 그럴 것이다. 아니라도 한치 앞을 알 수 없는 우리 삶은 각종 재난 사고로 인해서 죽음의 지뢰밭을 밟고 다니는 험난한 찰나의 연속이다. 매일 사건 사고의 소식이 바로 두려움을 느끼게 하지 않던가.

그것뿐인가. 전 세계적인 자연재해로 인한 돌발적인 사건 사망도 상상할 수 없이 많다. 거기에 스스로의 목숨을 헌신짝 버리듯 하는 이 현실의 안타까움을 어떻게 글로 말로 다 표현할 수 있을까. 사랑하는 남은 가족들과 지인들의 아픔과 고통을 생각하면 한동안 가슴이 먹먹하다. 나는 내가 사랑하고 아끼는 사람이 갑작스런 사고로 죽음을 당한 경험을 두 번 겪어본 사람이다. 열네 살 어린 시절에 남자 친구의 갑작스런 죽음은 내 인생 좌표를 완전히 뒤바뀌어 놓았다. 공부 잘하고 잘생긴 한 소년의 죽음은 내 인생을 통째로 무기력하고 허망하게 만들어버렸다. 언제 죽을지 모르는 죽음을 앞두고 왜? 공부를 해야 하냐며 어린 나이에 끝도 없이 혼자 방황하느라, 십대를 고스란히 죽음에 대한 인생 화두로 허송세월을 보냈다. 오랜 방황 끝에 '왜 사느냐'가 아니고 '어떻게 살아야 하느냐'라는 해답에 현실적인 참 삶의 의미를 깨우치게 되었지만, 그때는 이미 많은 세월이 흘러가 버렸다. 그때 못다 한 학구열이 아직도 정규학교에 들어가서 만학도로 공부를 하게하고 있다. 이 열정을 청춘일 때 노력했더라면 얼마나 좋았을까.

삶의 방향도 죽음도 어쩌면 내 의지대로 되는 것은 아닌 것 같다. 그러니까 '살고 죽는 것은 하늘의 뜻에 맡기고' 내가 어떤 사고(思考)로 어떤 인생관을 가지고 어떻게 매 순간에 최선의 정성으로 살지가 관건이 된다. 가족을 사랑하고, 넓은 영역의 사람을 사랑하며 정을 나누고 서로 교감하며 멋진 희망과 포부로 함께 더불어 잘 살아가는 삶 말이다. 매 순간이 지금, 이 순간이 마지막이 될지 모른다는 겸허한 마음으로 살면 인간관계도 좀 더 원만하고 여유로워지지 않을까. 나 역시 실제로 실천은 어려워서 늘 실수하고 잘못하기도 하여, 일일 참회의 시간을 가지며 최후를 향해 아름다운 단풍처럼 곱게 물들길 원하고 있다.

언젠가부터 나는 뉴스 보기가 참으로 두렵다. 나이가 들어서 심장이 약해서 끔찍한 사건 사고의 현장을 목격하는 장면을 볼 수 없는 이유도 있지만, 내 아름다운 삶의 평범한 일상을 그런 흉측한 그림자로 얼룩지고 싶지 않아서 더 보기 싫다. 성인인 나도 이런데 자라나는 어린이와 청소년들은 과연 무엇을 보고 제대로 성장할까 걱정이 앞선다.

사람은 더불어 사는 사회적인 인간이다. 주위에 덕망 높은 분들과 어울려 함께 좋은 시간을 보내고 나면 그분들의 덕(德)의 향기로 하루 종일 기분이 좋고 행복하다. 나도 그런 사람이 되도록 노력하고, 우리 모두 그런 향기 나는 사람이 되면 좋겠다. 그런 아름다움이 빛나는 세상이면 정말 좋겠다.

"끝이 좋으면 과정도 정말 다 좋겠지."

당신의 하루는 무엇으로 채워지는가?

오늘도 북한의 육 차 핵실험으로 우리나라는 물론 전 세계를 크나큰 공포의 순간으로 몰아 긴장시키고 있다. 핵실험 인근 지역 주민들은 놀라서 대피하는 소동이 일어났다. 남북 분단의 비극은 내가 태어나서 육십여 년 사는 동안 하루도 마음 놓을 수 없게 하는 일촉즉발의 초긴장을 초래하고 있다. 지금은 그것이 점점 더 심화하여 한순간도 마음을 놓을 수 없는 세계적인 화두로 현실화되어 있다. 자연재해와 더불어 언제 무슨 일이 일어나게 될지, 매일 뉴스를 보면서 외줄 타기 곡예의 아슬아슬한 순간의 불안을 느끼지 않을 수 없다. 정신 건강으로 이런 현실에 사는 나를 다스리는 새로운 대안이 절실하게 느껴진다.

이럴 때, 어떤 마음으로 불안감을 해소하고 일회성인 우리 인생을 보람되게 보낼 수 있을까? 깊은 통찰의 자아 발견이 필요하다. 올해는 유난히 길었던 불볕더위의 여름이었다. 단비에 녹아내린 더위를 이기고 안으로 내실을 다지는 성찰의 계절을 맞이하여 실속 있는 책 한 권을 구입하였다. 〈새는 날아가면서 뒤돌아보지 않는다〉 저자 류시화 씨의 책이다. 이 책의 작가는 기존에 발표된 많은 작품이 국민에게 사랑을 받은 베스트셀러 작가이기도 하지만, 또한 류시화 씨는 시인이자 명상가라 명상하는 나로서 그 기대감이 남다르게 다가왔다. 그가 서문에 쓴 "내가 묻고 삶이 답하다."란 말이 시사해 주듯이 그 물음에 대한 호기심과 해답의 깨달음을 듣고 싶었다.

작가는 말한다. "지금 살아 있다는 것은 자기 자신의 이야기를 써나가는 일이다. 타인의 기대나 정답이 아니라 자기 자신의 답을 찾는 일이라고." "삶에 대한 해답은 삶의 경험들을 통해서만 발견할 수 있다." "깨달음을 향해 스승님을 찾아 여러 나라들을 여행하고 책들을 읽었으나 내게 깨달음을 선물한 것은 삶 그 자체였다."고 한다. 단락 단락이 구체적이고 친절하며 자비스럽게 자신의 삶과 경험들을 통해서 얻은 깨달음을 다정한 친구에게 들려주듯이 이야기하고 있다. 사람은 누구나 자신만의 퀘렌시아(Querencia 피난처, 안식처)가 반드시 필요하지만, 세상과 대지와 교감을 가지고 언제 어디서나 진실한 자신이 될 수 있다면, 그리고 싸움을 멈추고 평화로움 안에 머물 수만 있다면, 이 세상 모든 것이 나의 퀘렌시아가 될 수 있다고 한다.

그리고 그는 강조한다. "방황한다고 길을 잃은 것이 아니다."라고. 누군가의 현재를 아는 것은 불가능하다. “사람들은 당신의 이름을 알지만, 당신의 스토리는 모른다. 그들은 당신이 해 온 것들은 들었지만, 당신이 겪어 온 일들은 듣지 못했다. 타인의 견해를 곧이곧대로 받아들이지 말라. 다른 사람들의 생각이 아니라 당신에 대한 당신 자신의 생각이 중요하다.” 자신과 자기 삶에 최고의 것을 해야만 한다며 타인에 의해 눈치 보고 끌려다니는 삶을 살지 않기를 원한다. 한국인은 세계 어느 나라보다 남의 이목에 초점이 맞추어져 있다. 큰 집에 살고 좋은 차를 타고 다니며 외모에 신경을 쓰고 타인의 일에 간섭하는 허세가 심하다.

작가는 불행과 상처를 되새김하지 말라고도 당부한다. 부정적인 마음을 긍정의 웃음으로 전환하고 목적에 목숨 걸지 말고 과정에 충실하고 행복하라고 한다. “과거를 내려놓고 현재를 붙잡는 것이 삶의 기술이다.” 고통의 무게를 내려놓고 무한한 자유로 비상하길 바란다. 하루하루가 마지막 경험이고 참된 삶은 나와 너의 만남이 아니라 존재와 존재의 만남으로 이루어지고 인간은 목적이지 수단이 아니라고.

“삶을 놓치는 것은 스스로에게 죄를 짓는 것이고, 죽음이 임박했을 때 가장 후회스러운 일은 ‘스스로를 무시하며 살았다.’” 나를 무시하는 일이 죄를 짓는 일이라니, 얼마나 무서운 충고인가. “가슴이 원하는 여행을 하지 않은 것만큼 큰 실수는 없다. 내 가슴이 뛰는 순간이 삶을 최대한 잘 산 모든 나의 순간이다.” 그러면서 묻는다. “숨 막히게 사랑한 순간이 얼마나 많았는지를, 숨 막히게 몰입하고 숨 막히게 접촉한 순간들이 얼마나 많았는지를”

작가는 또 말한다. “이 세상을 떠날 때 내가 가지고 갈 수 있는 유일한 것은 내 가슴에 담긴 것이 전부다.” 지금 내 가슴과 당신 가슴에는 무엇을 가장 소중하게 생각하고 매 순간 담고 사는가? 각자 스스로 묻고 자신의 삶에서 해답을 얻는, 가슴 뛰는 인생 여정의 행복 찾기를 바라고 있다. 과연 나는, 무엇이 나를 가슴 뛰게 하고 있는가. 나의 하루와 당신의 하루는, 매일 무엇으로 채우고 비우며 살아가는가. 누구를 보고 무엇을 했을 때 가장 가슴이 뛰는가. 그대 기쁨이 내 기쁨이요. 그대 행복이 내 행복이 되는 삶을 위하여 지금 당장 하는 있는가. 내 옆에 있는 사람들과 함께.

시대적 과오(過誤)

작년 연말을 기준으로 신문이나 방송 매체가 학생들 폭행으로 야단법석이다. 동료 학생들의 폭행과 협박에 못 이겨 선량한 학생이 강제로 목숨을 버린 사건이 끊이지 않고 있어, 거기에 대한 대안으로 언론이 계속 떠들고 있다. 이 시점에서 더 이상 방치하고 넘어가서는 안 되는, 단호한 결단이 내려져야 한다고 하지만, 방송 보도를 봐도 뚜렷한 대책이 안 선다는 염려들이다. 기존 성인에 대한 반발과 기성세대에 대한 모방이라는 말까지 나오면서 사회적 이슈로 대책 강구를 하고 있다.

어떤 시대에나 불량 청소년들은 있기 마련인데 요즘의 사태는 정도를 넘어 사회적 구조에 위기감을 조성하는 것 같다. 선생님의 권위는 땅에 실추되고 사회적으로 직위가 높은 학부모들의 자녀들을 선생님이 마음대로 교육하지 못한다고 한다. 한 가지 예로, 병원에 있는 귀한 화분을 어린아이가 실수로 깨뜨려 버렸단다. 그것을 본 간호사가 그 아이보고 야단을 쳤더니 아이어머니가 노발대발하면서, “화분값을 물어주면 되지 왜 귀한 내 아이에게 야단을 치냐?”고 했다는 것이다. 지금 부모들의 교육관이 이러하니 아이들의 이성이 어느 쪽으로 기울어지고 있는지는, 보지 않아도 불 보듯이 앞날의 미래가 훤하게 내다보인다. 여간 염려스럽지 않을 수 없다. 식당에 가거나 어딜 가도 아이들 행동에 제재하는 부모들이 잘 없다. 학교도 그렇다는 얘기가 들린다.

우리 어릴 적에는 논과 밭을 건너 하루 몇 십리 길을 걸어 등하교했다. 말동무가 없어도 눈앞의 풀과 이슬이 우리들의 친구가 되었다. 방문을 열면 푸른 앞산이 온 가슴을 열어 소나무 닮은 큰 키의 꿈을 심어주었다. 밟아도 죽지 않는 질경이는 삶의 끈질긴 표본으로 고난의 생존을 무언의 힘으로 가르쳐 주었다. 나는 계산이 빠른 도심 생활을 몇십 년을 하고 지냈어도, 어릴 적 순박한 시골의 티를 좀처럼 못 벗어나는 것 같다. 중년의 우리 세대는 깎아지른 듯한 매끈한 도로포장의 길이 아니라 먼지가 폴폴 나는 길가의 잡초와 나무를 보고 자랐기 때문에, 가식과 권모술수를 모르고 살고 있다. 친구들에게 상처를 입어도 넓디넓은 대자연의 품에 안기면 저절로 치유되고 건강한 인간관계가 회복되었다.

부모님은 생계유지가 어려워 일터에서 사느라 자식들에게 일일이 간섭할 여력이 없었다. 여러 자식이 있는지라 한 아이에게만 집중적으로 부모님이 편애로 집착하지 않아도 되었다. 물론 남아선호 사상이 남아 있어 아들에게 더 애정을 가진 것은 부인할 수 없지만, 내 자식만이 전부라는 이기적인 생각으로 자식을 가르치고 키우진 않았다. 밥 한 끼 곤란한 시절에 이웃과 음식을 나눠 먹으며, 가난으로 인한 궁핍한 삶을 이웃사랑으로 마음의 풍요를 나누어 누리며 사셨다. 오직 내 자식에게만 매달려 경쟁하고 일등 선호로 매를 대지도 않으셨다. 더불어 사는 법을 몸소 체득시켰고 스스로 자기 일을 알아서 하고 혼자서 자기 행동에 책임을 지도록 지켜봐 주었다. 즉문즉설로 유명한 법륜 스님의 아이 기르기에 보면, "어릴 때는 따뜻하게 해주는 게 사랑이고, 청소년기에는 지켜봐 주는 게 사랑이고, 스무 살이 넘어서는 냉정하게 정을 끊어주는 게" 자식을 잘 키우는 방법이라고 한다.

우리나라 인구가 점점 줄고 있다. 젊은 세대들이 결혼하지 않고 독신으로 사는 경우가 많고 결혼하여도 가정 경제를 핑계로 아이들을 쉽게 낳지 않는다. 나라의 뿌리인 어린아이들은 적고 노년만 많은 역삼각형 인구구조가 되고 있다. 갈수록 젊은 사람들이 부양할 노인 인구가 증가한다. 경제 대국도 좋지만, 장차 우리나라의 장래가 걱정이다. 하도 아이를 낳지 않으니까, 부모의 경제적 능력을 고려하지 않고 아이들 양육비를 차별 없이 지원해 주겠다고 정부가 나선다고 한다. 끼니 걱정은 하지 않아도 되는 우리 집의 아들부터 천천히 계획해서 낳는다니 무슨 말을 더하랴. 우리 집에도 손주가 곧 탄생할 것인데 사회적인 호응이 좋은 이때 보조까지 받는다니 위로가 되고 힘이 되겠다.

우리 아이들이 태어날 일천구백팔십년대에는 인구 산아제한으로 “아들딸 구별 말고 둘만 낳아 기르자.”는 구호가 곳곳에 붙어 있었다. 아이 셋을 데리고 다니면 미개인이라며 쳐다볼 정도로 눈치 보이고 주위 사람에게 미안한 사회 풍토였다. 택시를 타도 기사에게 죄지은 사람처럼 간곡하게 부탁하여 골라 타야 했다. 그것뿐인가. 딸, 아들 남매인 둘도 많다며 강력한 산아제한으로 “잘 키운 딸 하나 열 아들 안 부럽다.”며 한 가족 한 자녀 낳기를 주장하였다. 거기에다가, 빚 독촉을 하듯이 보건소 직원이 집마다 수시로 방문하여 불임 수술을 강요했다.

몇십 년이 지난 지금, 산아제한으로 인한 과오(過誤)인지 우리나라는 전 세계적으로 출생률이 최저로 낮다. 자녀들을 많이 낳기 위해서 이 시대가 어떤 해법을 제시하고 요구해야 할지, 선견지명의 혜안적인 과제가 남아있다. 청소년 자살과 폭행, 왕따의 사회적 문제를 해결하는 가장 좋은 방법은 많은 아이가 서로 어울리면서 자라게 되는 환경이 아닐까. 한 방에서 부모와 여러 자녀가 함께 잠을 자고 생활하면서 때론 경쟁자요 친구였던, 우리가 자라던 그 시절이 아득한 옛일처럼 너무도 그립다. 과연 그런 시대는 다시 올 수 없는 것일까?

V. 방석 위에 핀 꽃

빛 밝은 지상 극락

뚜덕뚜덕, 베란다에서 떨어지는 빗방울 소리는 고향 집 슬레이트 위에서 흘러내리는 낯익은 운율이다. 송골송골 튕겨 나오는 보리타작 같은 물방울 소리는 어릴 적 추억이 흐물흐물 묻어 있다. 부모님이 들려주시던 자장가 닮은 익숙한 리듬의 노래다. 세월의 테이프가 아무리 감겨도 들을 때마다 애잔하다. 무디지 않는 놋쇠와 같다.

이 자연의 악기 소리와 이별을 앞두고 있다. 부엌 뒷문을 통해서 바라보던 사철 연암산의 얼굴도 두어 달 지나면 영영 다시 보기 어렵게 된다. 아이들 공치며 떠드는 소리, 뒤뚱거리며 운동장 도는 노인들 모습도, 여기에 새 주인이 터전을 잡고, 우리가 다른 곳에 새 둥지를 틀면 다시 만나기 어려운 장면들이다.

어느 날, 남편이 출근하다가 되돌아와서 내 손을 잡고선, 아무 말도 묻지 말고 자기가 가는 곳에 무조건 가 보잔다. 정신없이 따라와서 첫눈에 반한 집이다. 남편 사업 실패로 다 일그러진 한옥 집에 월세 살면서, 오가며 지나가면서 "언덕 위의 하얀 아파트"를 얼마나 부러워하며 지나갔던가. 작은 산 정상에 자리한 단동의 빌라 같은 아파트이지만 우리에게는 꿈에 그리던 그 쉼터였다. 이사 와서 삼 년 정도는, 현관 마룻바닥에 가슴을 대고 누우면, 연인 품에 안긴 듯 떨리는 감격의 설렘을 주체할 수 없었다. 세월 따라 퇴색된 기쁨이지만 잊어서는 안 되는 감사의 보금자리다.

오래 한 곳에 살다 보니, 아랫동네 사는 주택 깽깽이 애견 "소리"도 아래층 점잖은 지킴이 하얀 개도 시끄럽다며 미워하다가 세월의 꽁지만큼 슬그머니 정들었다. 막내딸 낳고 이 동네를 돌고 돌았으니 어언 사십 년이 흘렀고, 이 집에 거주한 지는 만 이십 년이다. 주차장만 불편하지 않으면 사방이 밝고 맞 문을 열어 놓으면 추울 정도로 시원하고, 겨울에는 포근하니 따뜻하다. 현관문을 열면 탁 트인 밝은 기운과, 절간 마루를 연상케 하는 앞 발코니에 비치는 소박한 햇살은, 떠나고 나면 한참 아른거릴 소중한 공간일 것이다.

손때 묻은 이 집을 떠나 새 둥지를 찾아서, 우리는 곧 십 년 손꼽아 기다린 재개발아파트 입주가 코앞이다. 선망만 해 왔던 대단지 새 아파트다. 새로 둥지를 틀 우리 집도 새 주인을 좋아하는 지, 거기 또한 첫사랑을 만나는 기다림처럼 가슴이 펄럭이며 떨린다. 사전 방문하기 전 그랬고 하고 난 후 더 쿵쾅거린다.

큰 방 창문을 통해 달성공원 성(城)의 푸른 숲을 사철 관망할 수 있고, 아파트 전체가 대공원으로 조성되어 소풍 구경하러 놀러 가는 기분이었다. 아파트 출입구 바로 앞에 작은 도서관과 주민을 위한 카페가 설치되어 멀리 가지 않아도 도서관을 가까이할 수 있는 맹모삼천지교 환경이다. 이 얼마나 고마운 일인가. 멀리 가지 않고 아파트 내 단지 길을 돌면서 걷기 운동을 해도 쾌적한 기분을 맛보리라. 게으른 나에게는 이보다 더 좋은 산책로는 없을 것 같다. 외국에 사는 손자가 어쩌다 놀러 와도, 손자 손잡고 도서관에 한국 책 구경시켜 주기 좋아서 좋고, 바로 옆에 분수대 있는 어린이 놀이터가 반겨주니 마음껏 뛰놀 수 있어 기대된다.

도시철도를 끼고 아파트 단지가 자리 잡고 있다. 이제 것은 지하철과 도시철도를 관망(觀望)만 했을 뿐, 이용은 불가능했던 도시 주변인 같은 사람이 아니었던가. 남편은 여기저기 요리조리 잘 이용하던데 나는 아직도 완전 시골 사람이라 혼자서는 어렵다. 앞으로 자주 사용하게 되면 차츰 세련된 도시인이 되지 않을까. 승용차로 활동하지만 나이가 드니 운전 부담이 크다. 이제 마음 놓고 대구 시내 근교를 맨몸으로 편하게 왔다리갔다리 하면 꿈같겠다.

대구 시내와 전통시장이 가까이 있다 보니, 지금보다는 여러모로 생활 여건도 좋을 것 같다. 이 낡은 아파트에는 젊은 사람들을 만나보기 어려운데, 사전 방문 때 보니, 예쁘고 멋진 젊은 여성들과 남성들을 많이 만날 수 있어 사랑스럽고, 이웃이 된다고 생각하니 자랑스럽고 든든하다. 언제나 외톨박이 내 인생에 같은 울타리 안의 폭 넓은 가족들이 많다는 것은 얼마나 행복한 일인가. 옆집 식구들은 누구이며 바로 위, 아래 가족들의 새 인연도 궁금하고 설렌다.

한 곳에 이십 년 살다 보니 버릴 것들만 수북하다. 그렇다고 먼지 낀 묵은 정들을 가볍게 버릴 만큼 마음이 경쾌하지는 않다. 큰아이 낳고 아기 옷을 넣은 흠집 난 옷장이며, 우리 신혼살림과 함께 동거한 베이지색 농과 선반도 세월만큼이나 깊은 애정이 박혔다. 침대 위에 누우면 창문 너머로 보이는, 광활한 뭉게구름과 푸른 하늘은 종이 봉지 안에 담아서 곱게 옮겨가고 싶다. 안주인이 편히 잠잘 수 있게, 낡은 침대 위 암막 커튼의 희생도, 버리고 가면 기억의 끄트머리에서 대롱거릴 것이겠지.

새색시 때도 누려보지 못한 신혼의 달콤함을 고희(古稀)를 향하면서 느낄 수 있다니. 이래서 세상은 쉽게 포기하지 않고 꿈을 품고 잘살아 볼 일이다. 부처님 오신 날, 모든 먹구름이 사라지는 빛 밝은 지상 극락이다.

꿈꾸는 자의 행운

샛별을 바라보고 달성공원 입구 동네 골목이 분주하다. 사람들의 물결이 파도타기를 한다. 좁은 도로가 비집고 들어가기 어려울 정도로 인산인해다. 살아 움직이는 물고기의 퍼덕거림처럼 생동감과 활기가 넘친다. 평일에는 소수 인원으로 재래시장이 잠시 이루어지지만, 주말에는 물건을 파는 상인들과 그것을 사겠다고 모여든 시민들로 아침 도심 거리가 한참 와글거리며 복작거린다.

새벽시장은 시골 장터를 방불케 한다. 발 빠른 사람들의 반짝 장보기는 무덤덤한 일상에 달콤한 간식을 먹는 행복을 심어준다. 은근히 손가락을 헤아리며 소풍 가는 아이들처럼 주말을 기다리게 한다. 시장이 열리자마자 두부 파는 집에는 일찌감치 꽁지 긴 줄이 서서 인기를 실감케 하고 있다. 방금 만들어 온 무럭무럭 김이 나는 맛난 두부를, 너나없이 먼저 차지하기 위해 아침이 더욱 부산하다.

부지런한 사람만이 가질 수 있는 몇천 원의 행복이다. 열심히 사는 사람들의 순수한 일상의 진풍경이 보는 이를 흐뭇하게 한다.

바로 근처에 사는 새로 지어진 우리 집 엘리베이터도, 시장 나들이하는 손님들을 태우고 오르락내리락 줄타기하느라 바쁘다. 그 속에 우리 부부도 한몫 차지하여 행운을 얻고자 발걸음이 잽싸다. 일주일 배부른 부자로 살기 위해 해맞이하는 골목시장 외출은 즐겁다. 바구니에 채워진 자잘한 물건들이 한 주 내내 넉넉한 기쁨을 누리게 한다. 싱싱한 야채와 과일들은 먹을 때마다 행복이 단물처럼 입가에 퍼져나간다.

두어 달 사이 단골집이 생겨 내 얼굴을 알아보며 반기는 주인도 있다. 새로운 곳에 와서 맞이하여 자리한 살가운 이웃사촌들이다. 또한 새벽시장을 끼고 있는 달성공원은 대구시민 전체가 편안하게 애용하는 소중한 장소다. 우리는 가까워서 내 정원처럼 수시로 드나든다. 푸른 비단을 깔아놓은 듯이 잘 다듬어 윤기 나는 고급 잔디광장을 마주 대할 때마다, 나도 모르게 입에서 감탄의 탄성이 새어 나온다.

내 사주는 나라의 녹을 먹는다고 했는데, 고희(古稀)가 다가오도록 별다른 묘책이 없더니 이렇게 그 녹을 보상받고 사나 보다. 나라의 땅을 마음껏 밟을 수 있으니 이 얼마나 행운이고 부자가 아닌가. 이보다 더 큰 복락을 누릴 수는 없으리라. 삼만 팔천여 평이 되는 대공원을 남편과 나란히 자유로이 산책할 수 있다니… 평소 토닥거리며 살지만, 남편이 사 주는 아이스크림을 먹고, 커피도 마시며 데이트할 때 소녀 마음으로 돌아가 설렌다.

달성공원은 삼한시대의 부족 국가였던 달구벌의 성지 토성이다. 대구에서 가장 오래된 토성이다. 감영공원에 설치되었던 지방문화재 자료인 관풍루가 입구 우측에 있다. 선화당(각 도의 관찰사가 사무를 보던 정당(正堂))의 남쪽에 포정문을 세우고 그 위에 문루를 만들었는데 그것이 관풍루란다. 우리 집에서 바라보면 관풍루가 바로 보인다. 대구 시민이라면 어린아이들을 데리고 달성공원의 동물들을 구경 시켜주러 소풍 나와 보지 않은 사람은 없으리라.

달성공원은 과거의 애틋함이 묻어나는 추억의 장소다. 남편은 우리 아이들 데리고 사진을 찍었던 곳이라며 오래된 은행나무 근처를 지나칠 때마다 흥분하며 말을 건네곤 한다. 고종 광무 9년(1905)에 공원으로 만들어졌는데 1965년 2월 대구시에서 새로운 종합 공원 조성계획을 세워 오늘날과 같은 대공원을 만든 것이다. 입구에 향토역사관이 있고 각종 동물 우리들이 있다. 달성토성, 최제우상, 달성서씨 유허비, 어린이헌장비, 이상용구국기념비, 허위선생순국기념비, 이상화 시비 등과 같은 기념물이 있다.*

달성공원 반대편 큰 도로를 건너면 육 층 건물로 신축된 중구노인복지관이 잘 지어져 있다. 중구에 사는 육십 세 이상의 시민이면 누구나 등록비 오천 원을 내고 복지관 회원의 자격이 될 수 있다. 회원이 되면 이천 원 주고 점심을 먹을 수 있고, 천 원으로 이발도 할 수 있으며 다른 다양한 혜택도 받을 수 있다. 학기마다 문화교육프로그램을 구성하여 노인들의 교육과 건강 증진을 위해 운영하고 있다. 나는 평소 하고 싶었던 오프라인 영어 회화를 신청하였다. 다행히 딱 한 자리가 공석이라서 학기 끝이라도 수업에 동참하게 되었다.

— * 대한민국 구석구석 (https://korean.visitkorea.or.kr/), 나무위키 참고

간절한 꿈은 언제든 씨앗이 되어 희망으로 발아(發芽)가 되어 세상에 나타난다. 그중 하나가, 저렴하고 가까운 곳에서 언제든 마음껏 하고 싶은 공부나 취미생활을 하는 것이었다. 그 행운을 새 보금자리를 옮긴 후 누릴 수 있게 되었다. 무엇보다 영어 선생님이 내가 원하는 공부 스타일로 잘 가르쳐 주어서 배울 때마다 감동하고 또 감사한다. 선생님이 발음을 먼저 하시면서 보이고 수강생들보고 무한 반복하길 권한다. 생활영어 교재가 있지만 책에만 의존하지 않고 맛깔나게 팝송도 가르쳐 주고 가끔 영시와 영어 문장도 함께 곁들여 실력을 상승시키니 이 얼마나 꿈같은 홍복(洪福)의 행운인가.

내가 머무는 곳이 유서 깊은 역사의 고장이길 간절히 바란 적이 있었는데, 중구는 대구 중심의 뿌리 깊은 역사의 시발(始發) 도시다. 우리 아파트와 맞물린 곳에 삼성그룹 이병철 회장의 대구상회가 보존되어 있고 이건희 회장이 태어난 생가가 있다. 오래된 공구 골목도 유명하다. 발 딛으며 머무는 이 장소가 자랑스럽다. 우리 국민의 뿌리에 대한 자부심이다. 근처에 수창공원과 대구예술발전소가 있다는데 아직 그곳은 탐방(探訪)하지 못했다.

부엌 창문을 통해 바라보이는 하늘이 그려주는 구름 마술이 장관이다. 하지만 초고층 신축 건물로 조금씩 잠식되어 가고 있다. 어찌하랴, 현재의 주어진 여건에 만족하며 꿈을 그려야 하리. 익어가는 노후의 나이를 희망의 보따리에 담아 세월을 모르는 하루가 되길 원한다. 모든 음덕(陰德)에 감사 또 감사하며 아끼고 사랑하며 살리라. 어떤 환경에도 포기하지 않은 인내의 꿈이, 만복(萬福)의 행운으로 다가온 오늘에 자축(自祝)하며 오지 않은 내일에 부푼 기쁨을 실어본다.

방석 위에 핀 꽃

귀한 첫눈이다. 꽁꽁 언 하늘에 날개 달린 백설이 눈꽃나비로 낙하(落下)하고 있다. 천지(天地)가 함박꽃 세상이다. 작년에 건너뛴 눈(雪)이, 올해는 일찌감치 대구 시민들에게 천사의 선물로 보내준다. 기쁨의 환희가 눈(雪)나비 되어 춤추고 있다. 몇 년간 학교 시험 때문에 압박받다가 막 해방된 기분이 꿈처럼 날아다니는 것일까. 광활한 하늘에 감사의 날개가 화려한 수를 놓고 있다. 행복한 기쁨의 축제가 나비의 날개가 되어 우주에 떠돌고 있다.

내 나이 예순둘에 정규 대학생이 되어서, 만 오 년을 책상에 앉아서 학업에 열중하였다. 방학도 반납하고 미리미리 시험을 챙겼다.

그 어떤 모임도 다 보류한 채, 오직 방송통신대학교 영어영문과 졸업을 목표로 공부에 전념하였다. 어학이라는 것은 널뛰기하듯이 하루아침에 훌쩍 뛰어넘을 수 있는 학문이 아니다. 더군다나 만학도가 왕초보로 시작을 하였으니 매일 조금씩 저축하듯이 준비를 하지 않으면 영어 공부에 대한 꿈을 접어야 한다. 이 학년으로 편입학하여 들어가서, 일 학기 때는 겁도 없이 원어민과 대화하는 영어 회화에 가입하여 들락거리느라, 첫 학기는 반이 과락(科落)되었다.

젊고 똑똑한 동기 학우들에게, 늙음에 대해 설움 받아야 되는 것인 줄은 영문과 공부를 하면서였다. 나이 들었고 영어를 잘 못한다는 이유로 은근히 비웃음의 대상이 되기도 했다. 하지만, 지성이면 감천일까. 뜻밖의 천재지변이 나를 도왔다. 물론 있어서는 안 될 재앙이지만, 내게는 전화위복의 계기를 만들어 주는 행운의 찬스가 되었다.

어느 날 갑자기 전 세계를 공포로 몰아넣은 코로나19 전염병이 사람들과의 밀착 접촉을 일체 금지시켰다. 사람 간에 마음의 문도 꼭꼭 닫아야 할 정도로 세상을 창살 없는 날벼락 지옥을 방불케 했다. 몇십 년의 방송대 교육 전통도 한순간에 무산시키는 괴변이 일어났다. 우리 학교 전 교육시스템이, 직접 만나서 공부하는 면대면 출석수업은 전면 폐지가 되고, 모든 수업을 비대면 온라인 줌 출석수업으로 전환해야만 했다.

전염병 초창기에는 갑작스러운 환경에 학사 일정이 며칠 간격으로 바뀌는 바람에 학생들은 학업 준비에 대혼란이 왔다. 하지만 그 고통의 순간들이 나의 자존심을 일으켜 세워줄 기적의 찬스가 될 줄

이야. 기존처럼 객관식으로만 기말시험을 쳤더라면 과락에서 턱걸이를 했을 성적이, 전 교과목이 과제물로 전환되는 바람에, 수강한 과목 모두가 에이플러스를 맞아서 장학금도 받아 보았다. 삼십 년 전에 방송대 국문과에서 공부하여 쌓은 실력의 힘이 도움이 큰 것 같다. 또한 그동안 작가라며 여러 군데 글을 발표했던 영향이, 영어권이지만 같은 문학의 분야라 효과를 봤을 것이다. 이제 임인년 이 학기 기말시험을 마지막으로 학교 정규 수업 공부는 마침표를 찍기로 했다.

계묘년 내년에 졸업한다. 일 년 연장하여 네 과목 성적을 업그레이드하여 총 평점 비 플러스로 졸업하게 된다. 내게 졸업이란 의미는 또 다른 시작이다. 정규 시험 과정만 안 할 뿐, 시험에서 벗어난 자유스러운 공부 하고자 다시 영문과 삼 학년으로 편입학 원서를 내어 놓았다. 교수님의 독해가 없으면 아직 나 홀로 해석하기에는 실력이 까마득하다. 영어 단어를 외우고 또 외워도 돌아서면 알쏭달쏭하다.

내가 왜 이렇게 영어에 몰두하게 될까? 이유는 사랑하는 손자가 마음속 밑바닥에 떡하니 자리 잡고 있기 때문이다. 홍콩에서 영어를 자유자재로 사용하는 손자 사랑 덕분이다. 손자를 생각하면 함께 조금이라도 소통하고 싶은 욕심에 그 어떤 어려움도 견디며 공부를 할 수 있게 한다. 손자는 한국어도 잘하지만, 영어로 된 온라인 게임을 같이 할 때는 영어독해가 필요하다. 또한 무언지 모르겠지만, 영어 공부는 나의 미래에 대한 막연한 운명 같다. 나이는 들어도 언젠가는 천운이 올 것만 같은 태양 같은 희망이 기다리고 있다고나 할까. 준비된 자에게만 오는 행운의 기회를 꿈꿔본다. 아니면 해외여행 나갈 때마다 언어불통에 대한 답답함의 해소이어도 좋다.

십 대 때 고향 친구들이 교복을 입고 학교 다닐 때, 초등 우등생으로 졸업한 나만 집에서 부모님 농사일을 거들었다. 비록 일 년이란 시간이었지만, 내겐 상흔으로 문신처럼 박힌 학교에 대한 갈망이었다. 그런 간절함이 장애의 벽도 훌쩍 뛰어넘을 수 있게 했다. 학업 중 위벽 뒤 물혹을 발견하여 위 절제를 하는 큰 수술을 받아서 체력이 급격히 떨어졌고, 시험의 압박감 때문에 과도한 스트레스로 발등에 피부가 벗겨지고, 마지막 기말시험 전에는 코로나까지 걸렸었다. 다행히 자가격리 마치고 무사히 시험을 끝까지 칠 수 있었다. 가족들의 응원과 도움으로 마음껏 하고 싶은 공부에 매달릴 수 있었다. 잠들 때마다 꿈꾸듯 감사하다.

나와 함께 긴 시간 인내로 고생한 삼베 방석이 꽃 피어 있다. 묵직한 엉덩이가 하루에도 몇 시간씩 뽀송한 방석을 고문처럼 짓눌러대니, 머리를 싸매고 고뇌하는 주인의 고통만큼 너덜너덜 상처가 나 있다. 가장자리를 싸고 피어난 꺼풀은 한 송이 하얀 꽃으로 화현했다. 오늘 이렇게 하늘에서 마구 쏟아지는 하얀 보석의 큰 꽃송이 닮았다. 내 마음 깊숙한 곳에서 우러난 감사의 미소가, 꽃으로 변신한 것일까. 가까운 지인이 방석을 보고 '보배'처럼 잘 보관하라고 당부를 한다.

연습이 완벽을 낳는다(Practice makes perfect).

아둔한 초로(初老)는 무한 노력의 기적만을 믿을 뿐이다.

길 따라 꿈 피어나고

길에서 길을 찾고 길 위에서 길을 묻는다.

한 생각이 꿈 되어 길이 되고, 희망이 또 다른 길을 만든다. 길 따라 꿈 생기고 꿈 따라 길은 새 빛을 내어준다. 살아서 생각과 지혜가 멈추지 않는 한, 이 길은 끝없이 반복하여 새 생명 줄을 이어주고 있다.

한 사람의 생명이 탄생하면 그만의 길이 생긴다. 아무도 같이 갈 수 없는 그 혼자만의 길이 주어진다. 무소의 뿔처럼 혼자서 묵묵히 가야 하지만 우리는 절대 혼자일 수 없다. 태어남과 동시에 가족이란 튼튼한 울타리의 끈이 연결되어 있다. 세상과 함께 소통하며 걸음마다 인연의 고리에 이끌려 살게 된다. 사람 속에 꿈을 키우고 사람과 더불어 미래를 꿈꾸며 산다.

부모와 자식이라는 원점의 시발점이 수직과 평행으로 이어져 이웃과 이웃으로 퍼지어 사회를 연결하고 세계와 소통한다. 매일 반복되는 오늘이 그날이지만 오늘은 결코 어제의 오늘이 아니다. 내일 또한 오늘의 막연한 연장일 수 없다. 하루라는 시간 속에서 수천 갈래의 생각을 만나지만 나는 오직 하나의 길을 선택하여 걸어가야만 한다. 길이 있어서 내가 가는 것이 아니라 내가 좋아하니 내 생각의 길이 생기는 것이다.

회색빛 침묵의 겨울을 뚫고 봄이 찾아왔다. 따스한 봄 햇살 눈부시고 꽃향기 코끝에 진동한다. 천지는 꽃바람이 휘날리고 땅은 초록으로 생명의 떡잎을 세상 밖으로 밀어 올린다. 무채색에서 화려한 변신의 색깔로 옷을 갈아입는다. 산새 들리지 않아도 마음은 휘파람 소리로 콧노래 부르며 어린아이 마냥 즐거워 들판을 향해 뛰어나가게 된다. 내 의지로 마음대로 활동할 수 있음에 크나큰 감사의 마음이 생긴다. 다른 사람을 향해 뻗쳐진 마음의 가지들을, 나를 향한 사랑의 몸짓으로 살포시 팔을 접어 안아본다.

이 봄에 사랑하지 않는 자 죄인이라고 했던가. 봄은 태양의 눈부신 열애로 만상이 꽃으로 피어난다. 절망과 슬픔은 꽃봉오리에 부풀려 함박꽃으로 휘날려 버린다. 나무처럼 깊게 꿈이 심어진다. 봄에는, 모든 행동은 자신이 책임지고, 본인이 이루고자 하는 성취의 열망이 식지 않아야 한다. 내가 나를 절절하게 의지하고 지지하며 뚝심으로 밀고 나가야 한다.

진흙탕보다 힘겹고 가시덤불보다 더 험난한 지난 고비를 넘기면서도, 언제나 남들에게 당당할 수 있었던 것은, 내가 나를 믿어주는 든든한 진실이 있었기 때문이다. 그 어떤 절망 속에서도 짚고 일어설 수 있는 힘은 내 안의 진실이 나를 위로하고 나에게 용기를 주는 배짱 좋은 힘이었으리라. "우리 모두는 원래 온전하며 본래 완벽한 존재였음을 인식할 때, 세상의 온갖 고통을 쉽게 헤쳐 나갈 수 있는 초능력 에너지가 발휘된다."고 한다. 자신의 꿈을 배신하지 않고 자신에 대한 확신과 미래의 비전만 놓지 않는다면 말이다.

기회는 우연이 동기가 되어 필연이 되는 수가 있다. 간절하게 준비된 자만이 기회를 포착하는 순간을 잡게 된다. 평소 우상처럼 부러워했던 사진작가의 꿈을, 좋은 문우를 만나 가까이 지켜만 보던 나를, 문우의 간곡한 권유로 시작하게 되었다. 나는 아무것도 만질 수 없는 기계치가 아니었던가. 게다가 고액의 장비라 한 달 동안 머리를 싸매고 많은 고심 끝에 큰 용단을 내린 결정이었다. 중량의 무게 또한 만만치 않았다. 시간이 지날수록 무거운 카메라에 짓눌려 몸이 여기저기 만신창이가 되고 있지만, 나는 카메라와 함께 있으면, 사진 찍기에 몰입되어 나를 잊게 된다.

몸은 조금씩 망가지고 있어도 순간을 영원히 잡아두는 묘한 매력에 손을 놓지 못한다. 자연이 부르는 손짓들, 창밖엔 일출이 나를 뜨겁게 안아 일깨워 주고, 뭇 생명들의 반짝이는 유혹의 시선들은, 낡아져 가는 육신을 사람다운 나로 재생시켜 줄 것이기 때문이다. 만물이 탄생하는 봄이 되면 사진작가들의 손놀림은 농부의 일손처럼 분주하게 바빠진다. 카메라 앵글 속에 우주의 봄을 영원한 꽃으로 살려 놓아야 한다. 순간을 실수하면 영원을 놓치는 인생철학이 프레임 안에 다 들어 있다. 어찌 한순간 포착을 방심할 수 있으랴.

순간은 영원이요, 영원은 한순간 찰나인 것을. 우주 속에 기록으로 고이 담아 놓아야 한다.

깊은 산골 도랑물 같은 봄날이 깊어져 간다. 유유자적한 세월이 흐르는 물줄기 따라 거들먹거리며 동반한다. 한 시절 거르다 보면 절제의 미학을 거쳐 고고한 연꽃 한 송이 피워낼 인생 절정의 향긋한 그날이 오겠지. 태양 빛이 꺼지지 않는 한, 봄길 같은 꿈길은 영생(永生)을 향하여 무한 이어지고 있으리라. 끝없는 길 따라 수많은 꿈 만개(滿開)로 피어나리.

페달을 밟다

“나는 흐름이고 연속이다.”

내 심신의 영혼에는 조상의 영혼이 함께 깃들어 있고 함께 공유하며 나를 통해 자식과 후손에게 이어져 끊임없이 흘러가고 있다. 우리들은 끊임없는 흐름이요, 연속이란다. 불교방송 강의에서 “부처의 과학”이라는 틱낫한 스님의 법문 말미에 진지하게 말씀하신다. 익히 알아 온 평범한 말일 수 있는데 이해가 부족한 부분은 반복하여 재방송 강의를 듣고 나니 내 정수리를 망치로 한 대 후려친다.

앉으나 서나 나는 참마음을 궁금해하는 연구가다. 마음이란 것이 항상 즐겁고 보람되고 기쁘고 감사한 생각만 가득한 것이 아니다. 기쁨도 찰나로 흘러버리고 이내 냉정한 기운이 마음을 차고 들어와 예리한 모서리를 세우고 있다. 조금만 방심하면 나와 전혀 무관한 길손의 나그네에게도 송곳의 끝을 찌르며 괴롭히게 된다. 때로는 머릿속을 가득 메운 성취 불만의 욕구가 쇠꼬챙이처럼 밖으로 튀어나와 이 세상 한 귀퉁이를 따갑게 꼬집기도 한다.

무엇 때문에 날마다 숨 고를 겨를 없이 바쁘고, 정신없이 어딘가 쫓기며 허둥거려야 하는지? 나를 끌고 다니는 이 무엇의 주인공이 궁금하지 않은가? “참나”를 찾으러 매달 마지막 주 토요일에 은해사 기기암 선원에 좌선하러 간다. 발끝에서 머리끝까지 나라는 아상이 죽고 참나가 발광(發光)하길 염원하며 찰나의 나를 살펴보기 위해서다. 물 한 방울이 모여서 내 전신을 이루듯이, 맑은 물 한 방울이 쉼 없이 내 온몸을 흐르고 흘러서 청아한 영혼으로 정화되어 다시 태어나기 위해서다.

영원불멸의 참 나를 막고 있는 망념의 어리석음이여! 내가 산다는 것은, “나눔이요 남을 도와주는 일”이란다. 가장 가까운 가족을 도와 일상을 어렵지 않게 하는 일에서부터 각자 맡은 영역에서 톱니바퀴처럼 자기 존재의 가치에 충실해야 한다고 한다. 힐링의 기초는 “자기 치유요 자기 사랑”이다. 자기 긍정이요, 자기 위로가 있어야 세상 사람들을 향해 꽃향기 마음을 보낼 수 있다.

클라우드 페퍼는, “인생은 자전거와 같다. 계속 페달을 밟는 한 넘어질 염려는 없다.”고 주장한다. 옥수수 씨앗을 심어 기르는 숙제의 연속이란다. 옥수수 씨앗은 땅에 심어 싹이 나면 씨앗과는 별개의 모양이 탄생하여 자라서 열매를 맺는다. 처음 그 열매는 과연 어디로 갔단 말인가. 그 보이지 않는 의문의 질문에 마지막 답은 어디서 찾을 수 있을까? 오늘도 흐르고 흐르는 삶의 페달이 기다리고 있다. 잠시도 멈추지 않는 데서 그 질문의 답은 얻을 것이다. 왜냐하면, 산다는 것은 곧 “흐름이요 연속”이니까.

그녀의 미소

마른풀을 걷어 올리고 푸른 눈이 새 생명으로 탄생하는 삼월에는 생각만으로도 좋은 일이 일어날 것 같다. 좁은 베란다 창 안에 하얀 철쭉이 천사의 미소로 웃음 지어 피어 있고, 주황색 군자란의 꽃봉오리들이 소녀의 머리핀처럼 예쁘다. 작년 늦가을부터 꽃망울을 품고 있던 동백꽃이 지금 만개해 있다. 동백꽃 한 잎에 지나간 추억이 스며있고 동백꽃 두 잎에 잊히지 않는 그리움이 배어 있다.

지난겨울은 어쩌다 보니 바지 하나로 한 철을 보냈다. 돈이 궁핍한 것도 있었겠지만 나도 모르게 그 바지가 강하게 내 손길을 끌어당겼기 때문이다. 아무리 입어도 싫증이 나지 않았다. 옷에도 애정의 강도가 있는가 보다. 마음이 편한 친구처럼 자주 입고 다니다 보니 혹한의 추위가 물러났다. 추적추적 몽환처럼 안개 짙은 봄비가 내린다. 계절의 순환 따라 '오늘은 새 바지를 하나 사야지', 하며 재래시장 입구를 들어서는데 낯익은 얼굴이 눈에 들어왔다. 한 동네 오래 살아서 만나기도 하지만 길가에서 자주 만나는 인연은 우연은 아닌 듯싶다.

머릿속의 간절한 생각은 현실로 나타난다. 그녀가 우리 동네에 옷 가게를 하고 있기에 번개처럼 그녀를 생각하며 시장에 갔지만, 그녀를 이렇게 쉽게 만나리라고는 예상하지 못했다. 뜻밖의 만남에 짜릿한 기쁨과 함께 내 내면의 영혼 일치에 황홀한 전율을 느꼈다. 두 손을 잡고 바람개비처럼 그녀를 따라 옷 가게에 놀러 갔다. 나보다 세 살 많은 그녀는, 방금 만났어도 오래된 친구가 되고 언제나 함께 했던 이웃 가족이 되어버린다. 은밀한 내 속옷을 들여다보고 있듯이, 그녀는 우리 집 사정을 속속들이 알고 있다. 눈은 진열된 가게 옷들을 두리번거리고 있는데 마음은 삼십여 년이 다 된 그때 그 집으로 가서 빙빙 돌고 있다.

남편이 사업에 실패해서 두 번째로 남의 집에 살 때였다. 큰 방 하나인데, 중간에 얇은 기둥을 세워 방 두 개를 만들어 놓은 일자 방이었다. 부엌이라고는 허허벌판에 연탄이 들어가는 아궁이 하나가 전부였다. 옆에 보조 부엌 격으로 이층으로 올라가는 계단 밑에 비스듬한 작은 벽 공간에, 수돗물이 나오고 찬장을 놓을 수 있었다. 우리 아이들이 둘인데 햇빛이 방안을 환하게 밝혀 주어서 좋았고, 주인아주머니의 인심도 나빠 보이지 않아서 살기로 했다. 살고 보니 우리 집 부엌은 주인아주머니가 옆방을 자주 드나드는 통로였다. 반찬을 하다가도 그녀가 지나칠 때면 나는 일손을 멈추고 지나가길 비켜 서 있어야 했다. 내가 몸을 오므려 비켜 서 있으면, 그녀는 무엇이 그리 좋은지 언제나 입가에 만면의 웃음을 띠면서 지나가는데, 나는 찌그러진 풍선처럼 몸이 움츠러들곤 했다.

가능하면 적게 드나들긴 바라던 내 마음을 그녀가 어떻게 알 턱이 있겠는가. 스무 달 그 집에 살 동안 거의 매일, 그네의 흔들림처럼 그녀는 우리 집 방안을 들여다보며, 왔다갔다 반복을 한다. 그녀가 지나가면 나는 아이들 우는 소리가 더 크게 들렸다. 싫은 소리 한마디 않고 항상 웃는 얼굴인데도, 가만히 있는 내 마음은 실눈 같은 상처가 그어지곤 했다. 그 집에 나와 임대아파트로 살면서 분양 받아 내 집으로 살다가, 지금 이 집으로 이사를 하게 되었다. 모두 근처 동네다. 이 아파트 마당에서 그녀를 본 것도 몇 년이 되었다. 그녀는 지나가는 길에서도 만나고 차를 운전하다가 길가에서도 마주치곤 했다.

만나는 햇수가 거듭될수록 그녀의 미소는 엷은 미소로 변해갔다. 세월이 많이 흘러 아이들이 다 컸다. 주인 집 아이들도 다 자라 큰딸은 시집가고, 작은 아들은 직장 생활하다가 취업준비 중이란다. 그 집 아이들과 우리 아이들은 몇 살 차이가 나지 않는다. 우리 아이들도 다 커서 직장에 다니고 있다. 아들은 서울대 경영학과 장학생으로 나와 회계사로 직장 생활을 하고 딸은 계명대학교와, 대학원을 나와 동대학 강사다.

그녀의 미소는, 이제는 말하여도 미소는 보이지 않고 입 꼬리는 수평으로 잠잠해진 것 같다. 마주 대해 말을 주고받아도 마음이 편하다. 남편이 든든하게 잘 지켜 주고 아이들이 잘 커준 덕분인 것 같다. 우리 남편과 아이들 안부를 물으며 시장에서 남편을 본 적이 있노라고 한다. 본인은 눈이 나빠 몰랐단다. 오늘처럼 내가 먼저 인사를 했듯이 남편이 먼저 인사를 하여 알게 되었노라고 좋아한다.

그녀가 건네준 따뜻한 찻잔을 잡으면서 밖에서 몰고 간 꽃샘의 냉기를 추억의 온기로 전환시켰다. 나도 오랜만에 주인아저씨의 안부가 궁금하다며 물었다. 오래 전부터 지병으로 고생하시는 그녀의 남편은 며칠 전에도 한 달 입원을 하고 퇴원을 했다며 어두운 그림자를 살포시 내비춘다. 내 얼굴을 쳐다보며 "참 좋다!" 며 그녀가 놀라는 눈짓을 한다. 그녀의 인사가 진실로 내 가슴에 따뜻하게 와 닿았다. "소욕지족 소병소뇌(少慾知足 少病少惱), 적은 것으로써 넉넉할 줄 알며, 적게 앓고 적게 걱정하라."를 명심하고 또 명심한 덕분이리라.

잊어진 기억을 여기저기 들썩이며 찾아내듯이, 빼곡한 물건 사이로 잘 보이지 않는 바지 하나를 골랐다. 입어 보니 딱 맞는다. 처녀때부터 양장점을 해 온 그녀는 옷을 팔면서 맞춤도 한다. 능숙한 솜씨로 즉석에서 바지 단을 수선해준다. 퇴근 시간이 되어 서둘러 집에 오니 남편이 와 있다. 남편에게 친구에게 수다 떨듯이 그녀를 만난 일을 쫑알거리며 흥분해했다. 스무 이레 먹은 우리 집 베란다 동백꽃도 같이 듣고는 함께 즐거워하는 것 같다. 우리가 그 집에서 나와, 새 아파트로 이사를 하고, 그녀가 자주 드나들던 옆방 아주머니랑 집들이할 때 사 가지고 온 화분 꽃이다. 우리 집 거실을 들여다

보며 그녀의 넘치는 미소처럼 동백꽃은 오늘도 환하게 미소 지으며 웃고 있다.

며칠 전, 빨갛게 익은 딸기 한 바구니를 주인아저씨에게 드리라고 전해주면서, 심플한 조끼가 하나 있어 얼른 또 사 가지고 왔다. 그녀와 우리의 인연 고리는 아직도 진행 중이다. 봄 햇살 닮은 그녀의 미소가 오래 입가에 머물 수 있기를 빌어본다.

Ⅵ. 서평과 번역자 후기

승화된 일상 · 이광운 (Ph.D.)

역자 후기 · 라이채 번역자

승화된 일상

이광운

(대구가톨릭대학교 명예 교수)

이정경의 수필은 사랑을 품은 구도적 삶의 결정체다. 수행과 삶, 글쓰기를 분리하지 않는다. 그녀의 글은 매우 진솔하고 명징(明徵)하다. 이정경 수필의 특징은 다음과 같이 요약될 수 있다.

첫째, 구조적으로 탄탄하다. 일반적 논리 전개 방식을 벗어나고 있는 것 같으나 일상적 논리를 뛰어넘는 초 논리성을 가지고 있어서 끝까지 읽어보면 짜임새 있는 작품성을 맛보게 된다.

둘째, 투박한 듯한 묘사를 통해 오히려 생명력 있는 글을 창조해 내는 글쓰기 솜씨가 돋보인다. 이따금 꾸밈없이 자발적으로 터져 나오는 시적 발상으로 평범한 주제를 빛나게 하고 있다.

셋째, 어머니의 위치와 위상을 깨닫게 해 준다. 가사 문학처럼 주로 가정에서 발생하는 여러 가지 문제들을 다루고 있는 이정경 수필은 일상적 삶이 던져주는 화두를 곰곰이 생각하게 한다. 특히, 남편, 아내, 어머니, 아버지, 그리고 나는 어떤 존재로 살아야 하는가를 자문자답하게 하는 매력을 가지고 있다. 딸로 어머니로, 며느리로, 아내로 살아온 삶의 기록들로, 자전적 특질이 뚜렷한 그녀의 수필은 다루기 힘든 고백적인 내용도 포함되어 있다.

넷째, 효행과 전통 예절의 중요성을 부각시키는 교육적 · 교훈성이 강하다. 이정경의 수필은 문학의 효용을, 입에 쓴 약을 아이들이 먹기 좋도록 달게 코팅 처리된 알약 형태로 먹이는 것 같다고 설명하는, 로마 시인 루크레티우스의 "문학 당의정설"과 일맥상통한다. 그녀의 글은 수필의 교훈적 사상 전달 기능이 뚜렷하다.

다섯째, 열정 넘치는 기질, 타고난 글솜씨, 긍정적 태도, 다복한 삶 자체가 아름다운 글쓰기로 이어지고 있다. 다음 글이 기다려지는 귀한 우리 시대의 수필가라고 생각된다.

역자 후기

'다음 이야기보따리에는 무엇이 담겨있을까?' 하고 궁금해할 쯤이면 이정경 작가의 울림 있는 글들이 두어 편씩 나의 이메일함에 날아들었습니다.

그런 그녀의 이야기들을 영어로 옮기는 내내 행복하였습니다. 때로는 가슴이 먹먹해지고, 때로는 그의 도전정신에 박수를 보내며, 때로는 그의 가족 사랑에서 따사로움을 느끼고, 때로는 그의 깊은 신심과 성찰이 나 자신을 돌아보게도 했습니다.

그러는 동안 봄과 여름이 지나가고 어느새 가을이 무르익고 있습니다. 현학과 가식이 아닌 진솔함으로 그 자신만의 글밭을 일구어 삶과 문학의 일체화를 이룸으로써 수필의 진가를 보여주신 저자께 찬사를 보냅니다.

세계의 독자들에게도 그녀의 글들을 소개하는 보람 있는 일에 동참할 기회를 주신 저자께 감사드립니다. 나의 영어의 완성을 위해 늘 애쓰는 감수자 자넬 리브와 이광운 교수님께 고마움을 전합니다.

2023년 중추가절에

번역자 라 이 채

이 광 운 명예교수

경북 영천 출생.

저서 『휘트먼의 시적 상상력』(우수학술도서 선정),

논문 월트 휘트먼, D.H. 로렌스, 로버트 프로스트, 로버트 블라이 등

연구 논문 60여 편이 있음.

대구가톨릭대학교 영문과 교수, 문과대학장 역임.

현재 대신대학교 신학대학원 특임교수.

E-mail | kwlee@cu.ac.kr

라 이 채 번역자

번역문학가. 펜클럽 회원. 문예지 「문학 수」 번역위원 및 번역 심사위원.

종합문예지 「한국문인」 편집주간 및 번역책임자 역임.

덕성여대 영어영문과 졸업. 미연방한의사.

「세상의 빛 어머니 사랑」, 「독도 사랑」(영역), 「하프 라이프」(국역) 외,

다수의 영한 대역서와 「수필의 끈을 풀다」 외 다수의 공동 작품집이 있다.

한국문인번역문학상 본상 수상.

■ Contents

Part 2. Bond of the Wind

Part 3. A Broken Jet Plane

Part 4. Roots Bear Fruits

Part 5. Flowers Blooming on My Cushion

Part 6. Book Review and Translator Review

꿈(dream)에는 행복(幸福)이 살고 있다

Happiness Lives in Dreams

When the mind opens the door of its way, the world looks right and warmth flows. God blesses those who are bright, sincere, and happy. When my soul is pure and gentle, all things come to me with the scent of love. If you want to be happy, you must be thankful for the smallest things, respect others, and do your best even in trivial things.

Starting from the first day of fall, it is turning into typical autumn weather. In the middle of the day, the hot sun hits my cheeks, but the wind is cool and the sky is high. The clear sky without a single cloud purifies my clouded mind. Cumulus clouds are holding a shapeless festival in the universe. It's a blessed day. The occasional wind makes me feel nostalgic.

I pour my words I wanted to say into the world in this good season and dot the earth. In soulful language, I sang in response to the love I received. The truth will be seen only by those who can see and be heard only by those who can hear. I want my sincere love that flows through my head and chest to be communed through the passage of my emotions between this world and the world to come.

After finishing the homework that I've been doing with my whole body exposed, I feel like I'm taking off the heavy yoke from my shoulder. The things that I couldn't accomplish in the past, I want to end like this and be reborn as a new being. For tomorrow's bright sun, I try to drive out the darkness of tonight. "He who has a dream is beautiful." He who has hope shines. A man with a dream never grows old and never dies. Happiness lives in dreams. This happiness will be awakened by the autumn wind as the teachings of Buddha.

A gust of wind still repeats diligence.

Youdang, Lee Jung-kyung

In the fall of 2023, Permeating into time

우주의 선물

The Gift from the Universe

The thawing rain in March wets the ground. The water of the lifeline rises and falls on the dry branches, and green leaves are opening their eyes from the black ground. Spring is flying high, fluttering like a bird, stretching out branches of hope. The wings of dreams suitable for each age will spread out into tens of thousands of flowers.

Ddu-ru-ru! The face of a pure baby on the screen is bright. The baby is my grandson whom I miss so much. He is a precious life born at the end of March last year. Soon my grandson's first birthday will come. I see the baby on video calls every weekend from the tenth month of his birth. The grandson gives me bright energy like spring sunshine when my heart is hard or lonely. He sprinkles a ray of rainbow joy on my tired and drooping emotions. He makes me forget that I'm getting old and gives me hope. My grandson also reminds me of my son's childhood, which was far from my memory. His face is clearly different from my son's when he was young, but my mind still gets excited and happy returning to the time when my mother was immature in her twenties.

Every time I see my grandson, I feel the joy of raising my son twice. Their faces may be different, but his behavior is almost the same as that of my son as a child. When my husband's friend's wife said, "Don't mention your love for your grandson without being a grandmother." I was disappointed, thinking to myself, 'Isn't it too hurtful to a person who doesn't have a grandchild?' But now I totally understand her mind. Only those who have experienced love for their grandchildren with their skin and hearts will understand the essence of this joy. Since I don't see him face-to-face often, the longing for my grandson reaches its peak every day.

Around the end of February, a camellia bloomed on my veranda. It's a herald of spring. It's the joy of life. This is the praise of a new life felt in spring. The new life is a gift and treasure from God in heaven. Spring makes us feel grateful for being alive. It's amazing every time I see it. Nature and people are not different in that they are born from nothing.

My son has changed a little since his son was born. As his son was born and grew up, he understood the feelings of his parents with his heart. My son begged me for forgiveness for his misjudgment of taking parental love for attachment and obsession with their children. "Mom, now that I'm a parent, I think I really understand the parents' feelings a little bit," he said. My son, who thanked me for my sincerity as a mother, but did not like my saying that, "It costs a lot of money to pray for my children."

My grandson was born after a hard labor. After one day and four hours, my daughter-in-law could hold her baby in her arms. The magpie sang happily from the morning, but my heart seemed to cringe while waiting outside for a long time. The nurse first showed us the newborn in the window, and the baby was smiling. The baby smiled as if it understood the grandmother's desperate feelings. However, the baby had a high jaundice level upon birth. My grandson was hospitalized for a week and made the family nervous. It also made me abandon my preconceived notion that babies grow by themselves when they are born. But on the other hand, my grandson's pain made all the members of the family more mature. Also, it served as an opportunity to tie the common family boundaries with a stronger family bond.

Receiving the loving eyes and attention of his family, my grandson began to hold up his neck, turn upside down, crawl, and gain strength in his back, and gradually step up to his feet. My grandson is growing up so well that it is not right if the family feels frustrated that he wasn't like my son who walked in nine months. Now, the baby picks a book on the floor and gives it to his mom and dad to read it for him. He turns his head and hugs his mom and rubs his cheek against her cheek. The baby will embrace the universe with infinite love from his mom and dad. For a child, the love of parents is like the universe that unfolds the world. My grandson who grows day by day is our future dream. How can this not be a joy that goes against the times!

Children purify the spirit of a clouded adult. It's true that I used to like children. Furthermore, I became a fool for my grandson and laughed together while watching his cute acts through the video call, and 30 minutes passed by quickly. Looking at the growth of this new life, I feel like heaven is unfolding in front of me. He is my best medicine that makes me forget the hardships and pains I have in life. Wasn't family love the source of energy for the past 10 million years that allowed you to laugh even if something sad happened? Even my ugly existence is turning into a shining light due to my descendants. My life that stays in the world for a while is a link in the ladder of life, and I hope that the noble links of love will last for 10 million generations.

My grandson is another me who was born more than 50 years ago. We are all holy gifts from the universe. My existence becomes a treasure of the universe that shines more and has precious values as I serve others. Life is also the fundamental reason why I can shine more because of you.

엄마가 부르는 노래

A Song That Mom Sings

My son is flapping his wings vigorously toward the new world. The shrunken pupa takes off its skin and becomes a butterfly and flies to the sky. Leaving his parents' arms, he begins his first social life. The period was short, but his patience and passionate efforts were reborn as a wonderful butterfly.

Thanks to her son, who is free from his parents' nest, a 52–year–old woman also takes off her bridle as a mother and is reborn in this world. My husband, parents, and children cannot accompany me on my single path of life. They can be together, but they cannot be 'myself.' I always have to sing solo, become the main character, comfort myself, and at the same time become a distant audience and live in contemplation. That's the bitter and thrilling taste of life. It's the preciousness of existence.

As soon as my son's CPA exam was over, I thought I could put down my worries about him and concentrate on my work like that. However, it was not until a month after the announcement of successful candidates that my son's workplace was decided. As a mother, I couldn't let go of my prayers until he was assigned to the job he wanted and moved. After I set up a small house for him to leave home and board alone, my mom rises like a round moon. When I lived alone, she would carefully pack soybean paste, red pepper paste, and side dishes and send them to me.

After getting married, it took 20 years for me to come back to myself. How long has it been since I had freedom? The time of marriage unfolds like a fan. I have a daughter, but once I was out of responsibility for one child, everything feels like a dream. The flowing music rings my soul like a jade stone rolling. The energy of joy flows through my body with heat. The passion that seems to melt even the glaciers of the Arctic rises inside me. Even if my body stays on the earth, my mind seems to be the supervisor of the angels who direct the clouds in the heaven. It is the best emotion and gratitude I have ever tasted in my life, which has been a series of failures. It is the greatest happiness of my life that I feel rewarded to be a woman and a mother.

I hope you will take care of yourself and have good health and become a great member of society to repay, give, and share with others. Written on September 30, 2008.

Many years have passed since then. I miss the past days with my son, who lives in a distant country with a family. It seems difficult for us to meet often for a while because the pandemic corona is blocking the way. Now that I am a grandmother, I miss my children's family even more. My desperate prayer for meeting them has become a song of longing and flows through my heart.

희망의 활주로

Runway of Hope

The winter cold is like the scary eyes of a mother-in-law. My whole body feels like it's been stabbed with ice spines. The cold has begun, and our kimchi refrigerator is empty. I missed the opportunity to make kimchi and the cold winter was approaching.

I thought time was important only in life, and I didn't know that time was also important in making kimchi. My heart feels poor for not having enough kimchi in preparation for the middle of winter at the beginning of winter. My career as a housekeeper for more than 40 years is insignificant. I had a sudden stomach surgery two years ago, so I bought kimchi several times. It's the first time in decades that I haven't made kimchi. I became an English student in my old age, and I feel ashamed to blame my final exams.

Just because there was no severe cold last year, you shouldn't think that this year will be the same. As the bitter cold gradually swallows the earth, our hearts and bodies freeze like statues. Merging with invisible COVID-19, our minds and bodies were pushed to the corner and they were made cold like a stone. As the weather gets colder like this, the thought of tasting fresh kimchi makes my mouth water. So what should I do about this? I thought unrequited love only applied to people, but I didn't know that I would have a desperate longing for food. I feel like a Korean living abroad looking for kimchi from her home country. I'm just repeating 'Kimchi Kimchi' as if I'm singing my favorite song, but the force of General Winter is unlikely to subside, so my thirst for kimchi is only amplified.

Meanwhile, I suddenly had a motivation to leave my seat. The frosty weather, which had been raging for some time, lowered its tail, was one of the reasons, but the bigger reason was a call from my son's family living abroad asking me to buy the necessary items and send them by airmail. If it's your child's business, don't you have the power to wake up even if you're sleeping? My body suddenly became light as if I were on an airplane, thinking, 'I wish I could make even a little new kimchi and send it to them with those items!'

While the severe cold was out of the way for a while, I went to Chilseong Market and bought a large amount of fresh radishes that seemed to be well-stored with slightly frozen cabbages on the outside. Kimchi, which was carefully made by my hands for two days, had a strong garlic smell and responded with a great taste. My desire to give to my children has become more desperate. However, when I asked the post office over the phone if it was possible to send kimchi abroad, they said that kimchi is not allowed to send abroad under the current circumstances. If I had known this in advance, I would not have been able to make kimchi so excitedly. Disappointed, I dropped down on the floor.

The punishment of separation from the family caused by COVID-19 is mixed with the cold and feels harsher to me. Eventually, I went to the post office with only the items ordered by my son and his wife. I'd better send them as soon as possible so that my son's family can get them within this week. Because I was in a hurry, I finished the mailing work before the deadline that day. How grateful that the airmail is running normally even though the corona is severe. When I first sent an international mail, I was worried when the person in charge threatened me that they could not promise the arrival date, but now I feel relieved after sending them a few times. Even if I couldn't look directly at the face of my beloved son's family, I felt like I was flying with the luggage as I sent them their favorite necessities.

The air route opens for the breath of my longing trapped in a dead end! For now, this is the only path of comfort for me: In the current reality, caused by the COVID-19, the only way to communicate is the runway of hope, which makes it possible to endure pain! I sent items in my son's name, address, and Hong Kong phone number written in English. Returning home with my daughter, I felt a sharp pain in my chest. The feeling of emptiness was gathered together and was rolling like a ball in it. I think it's because I couldn't send the gifts I wanted to send because my health check-up date scheduled a few months ago and the delivery date to my son overlapped. I was sorry I couldn't send my grandson's favorite toys and my daughter-in-law's favorite snacks.

Because I couldn't just stay like that, I decided to prepare things again and send them to my son's family at the expense of expensive airfare a few days later. I went to my favorite department store and bought my grandson's pajamas, sleeping pajamas, and his favorite Lego toys for Lunar New Year's gift. I also bought a few bags of dried squid and delicious yakgwa, that my daughter-in-law likes. And several hotteok ingredients (I had bought them on sale), which my grandson likes, were put in the luggage box. When I put a bag of small anchovies that I bought to eat and a few bags of domestic kelp, additional daily necessities for my daughter-in-law, which were missed last time, the large box was filled. My empty heart was also being filled like the packed items.

All the things I wanted to send to my son's family have left, but my heart kept track of the air route. When spring flowers bloom like puffs, will the plague run away in surprise, and will we be able to see all of our family members in person? I sincerely pray and pray that the family reunion becomes a reality, not hope, as soon as possible, and that the sky path will be liberated.

보석처럼

Like a Jewel

Passing the spring waltz, I stood on the road to summer. The warm sunlight brushes my cheeks and the midday air makes me feel the heat. As the seasons change, my mind is also adapting and moving together. I don't know where it is, but I keep going with the cycle of nature.

After passing the hard times when the fulfillment of parents' responsibilities felt far away, now my children are all grown up and give me a sigh of relief. I've got a little leeway enough for my humming to tickle my nose sweetly.

My honeymoon, when I was afraid of my mother-in-law, also stayed in a mountain of distant memories, and now the problem of children's marriage is a little worrisome. Time flies like an arrowhead. It turns on and off like a flickering lamp. While I turn around, hesitate, and falter, darkness soon falls like a dark cloud in the sky. I don't know how I've passed those times myself. There have been times when I walked as I wanted, but I think there have been many times that have passed regardless of my will.

A pioneer said, "Look positively at your curved past life." The muddy waters and dizziness of the past are my other selves that have been washed away. As I look back chewing on the regrets, I feel sorry for my shadow, which is filled with memories. I think I'd rather be a smile of a spring flower smiling all the time. As a mother, I think it's time to put a new dream at the center of my head about what kind of people my children will meet and what kind of life they will pursue.

My son broke up with his girlfriend who he had been dating for more than a decade, so I have had a hard time calming down my heart in recent years. No matter how good the medicine is, as there were times when it didn't work, no matter how hard I tried to control my mind to forget her, it didn't work. I've been shedding tears and comforting myself for a while, and finally my son has a new girlfriend. For me, the bar of disbelief once experienced was so strong that the channel of love was blocked by strong ice. As I crouched in the swamp of pain with my own snail–like gesture in my own wall, a rope of time gently held her and me together.

My son wanted to have LASEK surgery this spring, so the day has come for me to see her as an excuse. Last year, I saw her face from afar on my son's graduation day for the first time. On Lunar New Year, she once said New Year's greetings in her voice, but in anticipation of starting a conversation with her, this time I was as excited as if I were going to meet my lover. I accompanied my daughter to make up for the awkwardness with her. But my son was right that she has a bright personality. As she came out of the exit of Seoul Station to greet us without my son, the lyrics of Hyun–chul's song 'Passionate Love of Garden Balsam' suddenly passed through my head.

Her chatter sounded familiar to me. It seemed that the five hours spent meeting her, having dinner, taking steps for my son's surgery at the ophthalmologist had leaped away like the steps of a stork with long legs. I heard that the difference between a good relationship and a bad relationship depends on whether or not you are so happy that you don't realize the passage of time when you are with someone. I think our meeting was good. After seeing her once, her smile keeps flickering in front of me. My belief that I should never give affection to anyone easily again is being collapsed.

My son doesn't talk much, so I heard from her for the first time that she is a girl living in Gangnam, Seoul. She is one of the very daughters of Gangnam who is envied by people. I was worried that my son would be discouraged by the circumstances of his parents who were not rich, but I decided to trust him. I've decided to keep it a top secret until their love becomes strong, and they get married and live well. But I can't wait to open my mouth and sing. Above all, the joy of my would-be-daughter-in-law's being able to play the musical instrument I like seemed to fill my empty heart. A few days ago, a flower delivery man asked for my address on Parents' Day. She remembered my taste while talking to me and sent me red roses and red carnations. The roses that are redder than my heart and the red carnations are like a token of love that will never go out. They are twinkling in the middle of our front door.

Summer is coming, which will burn with the heat of youth. The lively summer will continue for a while. I hope to melt all the regrets and sorrows of the past that may remain in my heart, in the furnace of this summer flame. I hope everyone I meet will be filled with new joy and blessings. Through our children who have a new spark of love, before this desire to love everyone cools down, I want to spread Mother's Joy to the infinite universe like a colorful peacock wing flower. Like the morning sun shining through the dawn of the future dreams of me becoming a real adult, I pray earnestly, with the heart of a flower-like and star-like mother, that my children will be happy for a long time like an immutable jewel that shines in their new home.

루미큐브
Rummikub

Yellow coins pour out in 30 seconds with the clink of coins. Gold is pouring down, making me feel full, even if it's just the sound. It doesn't have to be cash. As I keep downloading free coins while doing other things, it quickly goes up to a high price.

It's more than the amount saved in my account now. At first, it was downloaded at 100 won every 30 seconds, and then gradually rose to 500 won and 1,000 won, then to 5,000 won and finally to 10,000 won. In 30 seconds, the amount of 10,000 won is pouring like a bonanza. In a month, millions of won were piled up. Furthermore, I feel reassured and happy to think that I can keep it and save it to supplement my grandson whenever he needs it. It can't be used as real money, but it's filling me with joy instead.

Thanks to my nine-year-old grandson, I, who used to play the Internet 'Omok' game only, now I can play a game played by a new generation called 'Rummikub.' I talk to my grandson on video and play games with him every weekend. The game was difficult, so I just tried to fill the number of participants with my daughter's help. It was my purpose to spend time with my grandson watching him play games happpily. But something unexpected happened. It was a game that I played to please my grandson, but as time went by, it became the subject of my new interest.

Now it's becoming my toy friend to kill time. Rummikub starts with 14 random number cards. The rule of the game is that you must attach three or four cards. There is a way to collect the same number with different colors, and another way is to collect consecutive numbers with the same color.

The three cards must be maintained. Unlike Omok, no matter how genius you are, you can't win this game without the help of others. It is advantageous to have the same number. It's important to have numbers before and after, and you can never win the game with numbers that are far away. It's a game, but the luck of the moments should follow.

The first person who remove the first 14 cards that he or she received can take the total amount of money paid per person. The amount is determined by gamers.

With the ticking of the clock, it is difficult to move the cards according to the rules within a short period of time while the clock is ticking. If you don't get all the numbers within the set time, you will automatically be reinstated and you will have to receive another card with a random number. Just as choices are important in life, quick choices and decisions of players are important in the game. If you miss that opportunity, you give another competitor a good chance. There will be no agitation if you empty your mind saying, "It's just a game," but if you compete with each other, you will do your best to win. Obsession is not good for entertainment, and it is difficult to get out easily. You have to pay attention to something more interesting than that to forget it.

My grandson now asks me to play another game called 'Catan'. It's a game of gaining territory. A card called 'Thief' comes out to block the opponent's attack and give you an advantage. The number that comes out by throwing the dice results in a variable in the game. This is also an unpredictable game. It was difficult for me to do it alone without my daughter's help, but my skills improved as I repeated it. Now that we are separated from our son's family abroad due to COVID-19, how fortunate and grateful we are to be able to exchange our longing hearts with each other through games like this.

My grandson is not just a game lover. The child is concentrating on his school work, transferring to a good school he wanted, and getting along well with his friends. Now, Korea's capital area is becoming a hotbed of COVID-19. It makes me feel fortunate that his family, who lived in Seoul, is now living in Hong Kong. Hong Kong has a more thorough defense measures against COVID-19 than Korea. It is because many people died due to SARS, and since the beginning of the COVID-19 outbreak, the entire nation has been obliged to follow the epidemic prevention rules. Despite the rising vaccination levels in Korea, the number of COVID-19 infections is still increasing. Is people's sense of the epidemic slowing down as time goes by? In the meantime, there are many travelers. When will this end…?

I thought I would live without knowing Internet games all my life, but I know them now thanks to my grandson, I became a grandmother of a new generation. If I have fun with my daughter and grandson, the world will go back to the way it used to be. If we are happy, happy hopes will automatically follow.

어떤 의미

A Certain Meaning

Spring is a flashy dance move. It is slowly approaching with the play of all kinds of flowers, The thick icy cold of Antarctica passed and spring came with the flame of life. New year actually started. A knot of life is continuing. Ever returning spring brings us dreams as beautiful as a rainbow, in summer we have hot passion, and in autumn we reap abundant fruits. According to the order of nature, we bloom like a flower and return to nature for a while in winter. Spring creates something new in "me" leading to a new path. Sunlight gives us bright dreams.

Life is a series of dreams. To do something means to be active with others. We start our relationships with others as soon as we wake up in the morning and continue until we go to bed at the end of the day. As such, we find happiness from other people and experience sadness by other people. We laugh and cry because of people, and the knot of life becomes thicker. There are more chance meetings than planned meetings. When I come across a good person in a most unexpected place, I feel the same joy as I enjoy the pleasure that comes from finding precious fruit in the wilderness. When the person speaks to me with a gentle smile and a friendly voice, I smell the elegant scent of a lotus flower from that person. It may be like the joy you feel when you win a lottery.

I don't need to talk much with a person who has an emotional connection with me. When I happen to meet the person, My heart goes pit–a–pat even when the person just raises the tail of her mouth and gives me a light smile. I had prayed earnestly to meet a good person and make a good relationship. I thought I would meet such a person if I went to the Viit Meditation Society. I wanted a teacher–like friend with similar tendencies to mine and would care for me like herself. Heaven must have opened the way for me, when

I was desperate. One day, at an event held by the society, a person gently sat next to me like the breath of God. The warm energy of a bird's feather came to me. I knew she was the woman I was looking for at first sight – older than me but like a friend. With a gentle bow in silence and with a smile, we both greeted each other, folding our hands slightly at the first meeting. It was such a touching feeling that I was soaked in the moonlight and smelled a subtle scent. Her voice, as calm as the sea breeze blowing over the open horizon, showed that she had a generous heart.

It is said that it takes only three seconds for people to judge another person based on first impressions. The first impression does not reveal all of a person's personality, but most people value the first impression. It also helps one decide whether he or she will marry the partner. There are some relationships that become close over time, but most relationships seem to have warmth at the first moment when their eyes are met. The mysterious first emotion, which draws strongly like a magnet, gives light to each other like a shiny jewel and makes a good relationship.

Some types of encounters have long ties. They are like the relationship with hometown friends: that is like ripe kimchi that has been fermented for a long time. This relationship, which is like an ocher-colored earthen wall, has an antique-like affection over the years. It doesn't change as easily as a family relationship. People recognize and believe my true feelings even if I don't shout out loud what kind of person I am. It's like the soil of my hometown that supports me. When my words are not recognized and my opinions are as empty as the wind flying in the air, my childhood friends become a strap to hold me and let me take root so that I can stand on my feet on the ground. They put dreams in my voice and wings in my character. Hometown friends also spray human-scented perfume on my body and put the energy of the beginning that saves life into me.

Poet Jung Ho-seung once enthusiastically said on a broadcast show: "There is someone in the world who desperately wants you, even if it's just one person." It seems that the reason why we should live well without lamenting that we are useless is because of that "one person." When I become the one who is desperate in the heart of only one person, my existence blooms as a precious flower that is the only one in the world. Needless to say the "meaning" in poet Kim Choon-soo's "Flower", the person will also mean that somebody who is really precious to me!

The spring flowers that have begun to bloom are brilliant.

The scent of human flowers is as different as the number of flowers. We all meet, live, and part in the large flower garden of Hwaeom. I think what meaning of the flower scent will remain for someone depends on the unique color, scent, and brightness of each flower that blooms beautifully in each heart. What flowers and scents do I exist for someone? To whom and with what kind of flower am I emitting floral scent? What flower and scent am I for someone? Looking in the mirror that reflects their brightness, another of mine, I should wipe it every day to give it a splendid glow. While sharing the meaning of dreams and hopes that never run out.

바람의 인연

Bond of the Wind

The summer heat is suffocating. The world is full of life with the blazing heat of the sun. Isn't summer the peak season of the four seasons? The Earth is busy, emitting high-intensity energy and expecting abundant harvest. When all things burn themselves with their beings, they will become as abundant as they are. A light wind opens up the breathtaking summer road.

Wind is energy for life. Only when the wind blows can the universe breathe and life grows. To be fixed in one place is dead life, and it is a life without substance. All living things are not riveted to the same spot even for a moment. The wind keeps flowing, moving forward, preventing stagnation. All things and people are communicated by the wind and empathy comes and goes through emotions.

Net of ties is applied among people, so they meet and break up, break up and meet again. Just as the direction of the wind cannot be rejected, meeting can not be made artificially. If the road is blocked, you can make a detour, and if the road is opened, you can go straight. The way of this world is that, you don't achieve everything you want to do, and you can't refuse all because you don't want to do it, and you can't live without meeting someone you don't want to meet. There are times when you have to live face to face with people you don't want to meet every day, and there is also the pain of having to live separately without meeting the person you want to see.

There is a saying, "Be free to come and go."

In Buddhism, there is also a saying, "Don't stop those who come and don't hold those who go." It is also my will to escape from the bondage of meeting with the other person, and it is the other's will to leave freely from me. What comes and goes in the cycle of fate is like the cycle of nature. In the past, I thought it was right not to change my mind once you make a connection. But now I've completely changed my mind. No matter how much I like the other person, if the other person is indifferent to me, the relationship does not last, if the other person follows me and likes me, although I don't show much interest, I think it can be a good relationship and try to adapt and get along with each other.

Rather than trying to lead others with my own will, I should naturally accompany others and follow them in the direction they like. Then you don't know how light and comfortable your heart will be. Even if I am alone all day, there is less to be heartbroken by the relationship with people. Normally I leave everything empty and live with my mind tilted in the direction of the wind. If the black wall blocks me, I quietly retreat and bypass without considering the reason. Therefore, there are no side effects and friction in the communication of the wind. All you have to do is move your mind and body in the direction of the wind and accompany it.

The summer heat is still stifling. The sound of cicadas in the morning is also quiet in the steamy heat. In this season, I also want to control my boiling emotions, calm down quietly, and listen to my inner voice. Then I can hear the voices of my family who care for me, and the stinging look that stares at me with contempt touches my cool heart. There are times when I provoke envy and jealousy in others just by showing my passion. I choose to be in different, but it's my fault for lacking humility.

I don't want to live a life of competing or arguing with others, but I want to be friends with myself and live a life of reconciliation. The only person in the world who will remain until the end of my life is myself. No one knows me as much as I do, and no one cares and loves me as much as I do. I must constantly praise myself, my eternal companion, and congratulate myself by giving me a citation of encouragement. In order to do so, I will have to have the guts of a stake that is not shaken by any strong wind, and I will have to move forward with a firm will.

The ultimate purpose of life is not the result of hope, but the process; It is to rejoice at every moment and put your whole heart and soul into it; It is to cultivate yourself and practice small sharing with people around the world. In one moment, the universe is contained, and past life, present life, and the next life coexist. Now that I am alive and happy, I should forgive, rejoice, and praise everyone! Although the remnants of black dust remain at the bottom of my heart, I will not miss a moment until I die, and I will silently look at it, observing it and studying it. In the end, I will be the wind, and the people of the world will become the main characters of the universe, and you and I will become one, not two.

Today is the day, this is the moment. Who can deny it? It is noon in summer, which is good because there is wind and which is comfortable because there is no wind.

귀룽목 사연

A Story of the Gwirung Tree

Gigiam Hermitage in Eunhaesa Temple has a special relationship with me. It used to be a place where I couldn't come and go easily. But now it's not a place I can't go even if I don't want to go. When my teacher monk was there, I wanted to go there endlessly and desperately, but I couldn't come and go as I wanted. When I went there, the monk told me not to come with such a loud voice that the hermitage was shaking, so how could I go there with ease. His loud scolding made even the leaves outside the temple shiver. As he told me not to come, I felt more desperate and rebellious to go there.

It's the beginning of autumn. The wind is cool and the sun is warm. It is the 16th anniversary of the monk's death. In the temple, which seems empty without him, the early autumn sun welcomes me with a twinkle in its eyes. Dressed neatly in gray-modernized hanbok, which graduates ordered as a group on the 10th anniversary of the foundation of the Buddhist University, I hurried to Gigiam early in the morning. What happened more than a decade ago is always in my mind as if it were yesterday. Even though I was not permitted to come to the temple numerous times, I couldn't control my mind by myself, so I had to go and turn around after being scolded. Why did he have to throw me away like that? When I got home, I was so tired physically and mentally for a few days that I couldn't lift a finger.

My old self only has painful scars, but now I am a free woman. No one tells me not to come to the temple, and no one is angry at me as earnestly as the monk. The monk, whom I met for the first time as my teacher, welcomed me greatly. He was also very hospitable to my party. But after my heart permeated him like dew, he coldly threw me out. He noticed my innermost thoughts and saw that I admired him too much. Whenever our eyes are met, he said, "Go home quickly," and he said to return to the housewife's original attitude. For the sake of my family and myself, he refused to see me. Isn't it me who knows better than anyone else that 'he doesn't even hate my heart just because he pushes me outward?' Frozen snow melted on the back of my neck.

The weight of the years made my feelings dull. Now I can comfortably welcome the monk's anniversary without getting dew around my eyes. Having been absent only once due to unavoidable circumstances, I have attended his anniversary event for 16 years. It was easy to find people to accompany me to the temple, but it was not easy for me to find someone to accompany me on his anniversary. It seems that only people who have a relationship with the monk are allowed to ride in my car. Maybe that's why I used to go there with only Bodhisattvas who had ties to the monk. An old Bodhisattva who had been paying close tribute to the monk passed away this year. As time passed, the people who had been accompanying me fell off one by one, and eventually I was left alone.

As a result, there were few believers to commemorate him, and only many monks came. The managing monk, who was with my teacher monk, holds a memorial service for him from the heart. Along with a believer who was greatly indebted to the monk, I made a pretty flower basket and put it on the side of the altar on every anniversary. This year, without exception, I paid for the flowers, and she decorated the flower basket beautifully and placed it on the side of the altar.

Like never before, I left home with a camera today. The chief monk (at that time, managing monk) said that the memorial service for my teacher monk will not be held anymore. The monk added that after this, the memorial service for him will be held jointly on the Buddhist All Souls' Day from next year. Now I know why I brought the camera. After the memorial service, I captured every corner of the empty temple where all the believers and monks left, and they are kept in my camera.

As if to engrave my current feelings like fossils, I visited places with precious memories of my teacher monk and pressed the shutter. I focused on taking pictures of Gwirung Tree standing affectionately like lovers in the middle of the temple yard. The scars caused by him in me arguing countless times disappeared, and only the friendly appearance of the trees filled the screen. Turning the angle, I put the magnificent trees in my camera to the fullest.

In the afternoon, the shadows of The Gwirung Tree were thickly laid.

Contrary to what he said, my teacher monk must have looked at the entrance of the temple I had come to countless times with empty eyes. I realized how painful he must have felt who had to refuse me after I felt the emptiness of his absence. I opened the way to the entrance of the temple that looked over by the Gwirung Tree in the picture. My heart is full. I hope our sad stories will be talked about for a long time, like the Gwirung Tree that stands together affectionately in the middle of the temple yard. It is the true love of my teacher monk who sublimated the agony of human nature into consideration and love for the happiness of his disciple's family.

The wind is blowing without a trace. It goes without a trace and is coming without a trace. A wind-like cloud hangs around the front yard of the empty temple. The leaves of the Gwirung Tree are finely colored with autumn leaves. I will make a dot on the corner with the wind, and my life will be as red as autumn leaves.

그 곳에 가고 싶다

I Want to Go There

In Beolgyo, Suncheon, Jeollanam-do, there are the hometowns of Cho Jung-rae, novelist Kim Seung-ok, and fairy tale writer Jeong Chae-bong, who connect the huge mountain ranges of Korean literature history. There is Cho Jung-rae Taebaek Mountain Range Literature Museum and Suncheon Literature Museum, where you can see the activities of writers Jeong Chae-bong and Kim Seung-ok. Cho Jung-rae said, "Literature should contribute to humans for the sake of human life." Writers of the Daegu Literary Association rushed toward Suncheon along the rose scent of May to explore the main background of the novel Taebaek Mountain Range written by the novelist for six years from 1983.

The Daegu Literary Association goes on a literature tour once a year. This is my third tour this year. On May 20, when the roses beckoned splendidly, a large bus carrying seniors and juniors who usually respected left Daegu. The Beolgyo Literature Travel Course, designated as the third out of five, was the most popular destination where applications were closed on a first-come, first-served basis. Last year, I had to take care of my grandson, so I had to miss the trip, but this year I felt twice as happy to be able to attend.

Our first destination was Cho Jung-rae Taebaek Mountain Range Literature Museum. Based on the design of world-renowned architect Kim Won, this literature museum building was built on the spot after cutting off the spine of Jeseoksan Mountain in Beolgyo-eup to bring out the painful history of the past, and the second exhibition hall was built in the form as if it were hanging in the air. The building is also facing north in the hope of reunification. It is a sculpture of the north direction expressed in the architect's cutting-edge architectural language, and it is said to contain the spirit of the creative and excellent novel Taebaek Mountain Range. It is also a modern building containing Origin Figure- Racial

Desire of the Baekdoo Grand Mountains, which contains the wishes of unification after ending the pain of the last divided country on this earth. The world's largest and first outdoor dry Stone Mural which is 8 meters high and 81 meters wide, facing from the exhibition room, is attracting public attention. This work titled Origin Figure-Racial Desire of the Baekdoo Grand Mountains was visualized by artist Lee Jong-sang.

I was interested in Cho Jung-rae because he was the husband of Kim Cho-hye, the author of the poem Saranggut, which I loved when I was in my twenties. At that time, when I liked affectionate poems more than novels, I was very envious that the husband of the poet who wrote the poem of love was a novelist, and I even looked up to them as a representation of a couple. Poet Kim Cho-hye's sincere support for her husband may have led to the birth of the great novel Taebaek Mountains. The author said the reason for publishing the novel was that he wanted 'to dig into the truth of the specific history of the sorrow and tragedy caused by the division of the nation and to let people know properly so that it could serve as a bridge for unification.'

In particular, he hopes that readers who visit this literature museum will consider the problems of what caused the tragedy of the division of our people, how the division has been visualized, and how we should go on the path of unification in the future. And he hopes that they will consider the fact that the history of division is not a past history, but a history of our people that connects until after unification as a guide to their reflection and further to our future. He also hopes to come here and use it as an opportunity to know the roots of our national tragedy.

The moment I saw the novelist's 16,500 handwritten manuscripts displayed inside the literature museum, I felt a thrill all over my body. Without the patience, effort, and pain of the writer, it occurred to me that the birth of such a great work could never be achieved. As a person who has been writing, I think the highlight of my literary journey today is a field experience that impressed me by witnessing the huge volume of the manuscript in front of me. The scene of the exhibition hall, where the scripts of the readers are piled up, also gave me great surprise and emotion. Along with the phrase "Transcription is perusal of perusal." I took a group photo at the entrance of the building, toured the house of the rich Hyun and the house of Sohwa, and moved to Suncheon Literature Museum.

Accompanying the May roses to the Suncheon Literature Museum was also an ecstatic joy. Poet Jeong Chae-bong is smiling at the entrance of Jeong Chae-bong Memorial Hall. With a big smile, he welcomes us, saying, "Innocence of childhood saves the world." The gentle, modest, lotus-like poet generously shares his eyes of love with the visitors, saying, "It has been my life to think of you." It is the moment when the tension of my trip melts away by his warm heart. When I think of Jeong Chae-bong, his talks with Buddhist monk Beopjeong always overlap. On a television show, the poet had an interview with the monk. He asked, "Have you ever loved a person?" "If a man does not love a man, he is not a man," replied the monk. What a simple and touching Buddhist law! Now, both of them are people who cannot be seen again in this world and are in heaven. So my longing for them grows deeper.

In Kim Seung-ok Memorial Hall, a writer who left the words, "My hope is a novel," We were honored to meet the writer in person. The writer, who lost his words due to the aftermath of a stroke, welcomed us with a calm smile of silence. I wondered what message he would leave for us who visited him if he could tell us now. Without saying a word, I received his autograph on his novel, Seoul 1964 Winter, bought Mujin Travel, and returned home. Two valuable books have been added to my family asset list.

I strongly recommend that you visit the two literature museums in Beolgyo even if you do not dream of becoming a writer. While looking around the birthplace of Taebaek Mountains, I hope your growing children will think about the painful reality of our country and experience the writer's literary world firsthand. It allows adults to look back on their lives; It will be an opportunity to gain deep consideration and wisdom about their own lives while looking at the past and reality of Korea.

I was in charge of photography, so I was busy traveling through the camera frame. Because of that regret, I want to take one more time to travel through Beolgyo meticulously and leisurely and become the main characters in the work. When the roses turn red, you should also look around Cho Jung-rae Taebaek Mountain Range Literature Museum and Suncheon Literature Museum in Beolgyo, Suncheon, and make a scene of memories with your family and friends. No, they will be valuable places for literary exploration that do not disappoint you not only in May but also in other seasons.

With the longing to go there again, I'm counting down next May lost in the scent of roses. Recalling the peak of roses on the day when May's fresh sunlight touched my heart!

그리움이 꽃이 되어

Longing Becomes a Flower

It's already been 20 years since I lived in this apartment like the wind for four seasons. People grow old when theywind get older, so how can things be different? Recently, the frequently broken toilet shed tears and eventually passed away at the end of its life. My house is old, so there is only one bathroom. I had to urgently replace it with a new toilet. I tend to go to the bathroom often. So I had to stay somewhere until the toilet is restored to its original state. It's like being kicked out of the house all of a sudden.

My daughter and I were forced to go out. This year, it is the first time to stay out overnight because of social distancing caused by COVID-19. Rather than staying at a hotel near my house, I decided to leave with my daughter to Gyeongju, where I had not been able to go to after delaying due to the rainy season and the heat. Last night, Typhoon Maisak hit and trees were knocked over and scattered all over the place, but we started for Gyeongju half worried and half excited. Even if the typhoon lingers, when I left my house, I was full of passion to go there. I was excited as if I was going to see my lover. The mystery of Cheomseongdae, which showed amazing beauty with clouds last year, also made me want to see it again.

The time is heading toward the middle of September after passing Baekno. So I am in a hurry to meet the lotus flowers blooming in July. Should longing always be left with the label of regret? As our decision was delayed in thinking about where and how to go, when we arrived at the lotus complex in Gwawolji, Donggung, Gyeongju, the sun was impatiently entering the darkness at the threshold of the sky. The noble figure of the lotus flower that lived in my heart all summer disappeared with the land of ruins. Its stems and seeds burned as black as my heart, and its leaves were torn.

'Did all my desperate longing and desire for waiting come to nothing?' My mournful heart leaked out in tears. I complained to my daughter for nothing because we left late, but it's just an echoless sound. Even if I looked around the whole field, there were only a few fragile buds at the corner of the pond, and I couldn't see any lotus flowers at the peak. But what was I going to do with this? They're tired of waiting for me and they're done with their lives··· I had to blame myself. I went back to the hotel where I was staying with only a feeling of despondency.

My daughter recommended, "Mother, go there again with your camera early tomorrow morning," but my heart was already full of resignation. 'Should I really not see the beauty of a lotus flower with pearl-like dew in the morning sun this year?' I was only spinning the wheel of fantasy in the discouraging reality. I felt like I was going to get sick without seeing the bright morning lotus flowers. So I decided to go there again at dawn, set the alarm, and went to sleep. Does desperation make the body wake up before the alarm? My eyes twinkled early in the morning.

Photograph is a picture of light. This year, when the long rainy season swallowed up the summer, it was more difficult to meet bright sunlight than ever. Today is bright with the diamond light of early autumn. It's dazzling. So what do you do? Nevertheless, the place where I went at early dawn was not much different from the previous day. No matter how much I looked around the lotus field, there were only flowers that had already died. The white lotus flowers that could be seen by chance had only pathetic wounds torn by the 'Maisak.'

Lotus world is not much different from the human world! Nature's order is irreversible. Moreover, I like red lotus more than white, so I was about to take a quick look around and return to my accommodation. At that moment, a few red lotus flowers that looked like new brides from afar were welcoming me in groups and gesturing! At first, I didn't think of them as lotus flowers, thinking, 'What are they?' I doubted my eyes, thinking it might be another flower on the lotus field. As I approached close with curiosity and mystery, the pretty red lotus flowers at the peak welcomed me with a smile in their eyes, as if they had not forgotten me. In a word, it was a remarkable discovery.

The flower that makes me live with love, even when I'm old!

Lotus is my first love.

The elegant flower that makes my heart flutter every time I meet you!

You are my eternal lover.

Did my dying toilet repay the owner with a precious gift at his own expense? Or did the lotus hurry to call me in recognizing my desperate heart? I left home in unavoidable situation, but like a miracle heaven arranged our meeting. This year, people are forcibly stranded due to social distancing caused by COVID-19. In addition, the typhoon plays a part, so going out is not easy. Did the lotus flowers recognize my heartache? They put a miraculous surprise in front of my eyes. When a thing is precious, its value goes up. I pressed the camera shutter to the point where a flame popped out toward them who came to me preciously, worth 10 million times each. 'To keep the Miracle of the Moment forever.'

Whether it's because the lotus loved me or because I adored the lotus, I could enjoy the joy of being selected for my lotus pictures taken in Gyeongju at this year's Daegu Culture and Arts Festival 'Lotus Photo Exhibition' hosted by the Daegu Photographers' Association. I am sorry that the exhibition has been postponed indefinitely due to the COVID-19 pandemic.

One of my favorite lotus complexes has disappeared, but next year I will take an exciting step to see them again. Even the eve of Cheomseongdae, where the full moon of July of the lunar calendar is full of the sky, will hold my footsteps as an unforgettable landscape of memories. Autumn is paying off. May the earnest longing filled with love in my heart be a flower, a poem, and a moon in the second half of my life. I also hope that they will be our earnest dreams.

인연의 끈

String of Ties

The summer monsoon rain stopped for a while. I can hear the sound of a forklift from the narrow downhill alley behind the apartment. Construction of city gas facilities is under way. I can also hear someone playing the piano from time to time in the apartment upstairs. The granddaughters of the family seem to have come and play the piano. The midsummer scenery is busy with the sound of people living and the heat.

Did they say, "People with a lot of money are rich and people with a lot of memories are happy." The excitement of the Daegu Literary Association's trip to Thailand, Laos and Myanmar for three nights and five days in the middle of June still lingers in my heart. Not only did I want to go to Thailand, a Buddhist country, but I was also happier because it was a trip as a member of the literary organization that I was proud of. The president of the literary association is not very talkative. His words are simple and clear everywhere. His short speech would be an expression of his humility.

On the first night at the Holiday Inn Hotel in Thailand, our chairman gave the members plenty of fruits as gifts. Two bundles of mangoes and mangosteen were distributed in each room, and our joy of travel was heightened to the fullest by the size of the bundle. Not all rich people live by giving. According to Yoon, the editor-in-chief, he also treated his members generously last year. There will be no happiness that improves the quality of my life than the joy of sharing what I have with someone. I want to be like him, but I have to give others according to the situation. Spending money recklessly doesn't always shine. Sharing is an honor when the main characters have positions that fit their needs. Sharing that fits your position looks harmonious and beautiful.

Dreaming of digression makes me happy. The seed in the dream has sprouted into reality and is growing with the excitement of a leaf that has just bloomed. We're a family on a plane. To go to Chiang Mai, Thailand, we had to take a plane from Gimhae Airport to Bangkok, Thailand, and transferred from Bangkok to Chiang Mai. On the first flight, I was honored to sit next to Editor-in-Chief Yoon, and the second time I met another partner in the plane from Bangkok to Chiang Mai.

Jeong Ha-hae, who was sitting next to Vice Chairman Shin Pyo-kyun, was smiling and became my second partner. I thought she had a very attractive voice, sitting slightly back seat, which was a little out of the way. While giving each other names and exchanging greetings, we found out that we were Buddhists who had been together for 20 years in the same hermitage. Even on this Buddha's Birthday, she went up during the time I came down from the hermitage. String of Ties! Suddenly, I feel remorse for the story that existed between me and my teacher monk who passed away. It touched me that she and I had already been connected through the monk for a long time. Was this the reason my heart was beating so much from the day before the trip? I prayed that the regrettable spirit would travel with me.

Housewives find it hard to stay out overnight. There is little chance without official permission. Who should I sleep with for three nights away from home? That was one of the excitements of this trip. When we departed from Daegu at dawn, we had a time to introduce ourselves for a while. Who am I going to sleep with? One of them caught my eye. My feelings were directed at her, who was present alone. In reality, wasn't I always alone? I sympathized with her. As expected, she became my roommate for a few nights.

On the first night, we were searching for the string of ties between the two of us. While we were introducing ourselves talking about our lives, as a self-introduction, the name of the company which my close friend's husband works came up. When I named my friend's husband and asked her if she knew him, she said she knew him well after working with him for 26 years. I felt as if I had met my family when she said that she had known him as a co-worker for decades, not a year. We soon got along like friends who've known each other for a long time. We are interwined with people around us in a network of tangled chains. That proves that we are all from one root. For a 30-member organization, the meaning of all of us is more important than the existence of me. Moreover, we have left Korea and come to another country. We felt a strong sense of fellowship by taking the same plane, traveling on the same bus, and spending the day and night together.

Thailand in East Asia has large temples everywhere. Elephants and horses are playing on the land where you can feel the tranquility of a primitive nature. The animals grazing leisurely by the side of the road and the village without a fence seem to have transferred to the life of the countryside where I grew up. The splendid golden Buddha statue and the greeting with hands together fascinate me to the point where I want to live forever as a Thai citizen. Perhaps because I heard several times by a chief monk, who knows me well, said, "Let's go to Myanmar when we are old and practice together." I want to live with the people who are satisfied and not greedy when they are full for a day. Seeing off the poor boy who guided us wearing a parasol at Doi Suthep remains in my heart. I can feel the heart of a mother who left her own son behind. It's the aftereffect of a happy trip.

I received a traditional Thai Massage twice, which is said to cure illness, and I also went to the sulfur hot springs. Watching the border between Myanmar and Laos, and meeting Karen women who live with rings around their necks gives me great comfort in my current life. Our smiles overflowed throughout the trip with the support of the chairman like a big brother, the sacrifices of the executives who led us well with caring service, and the elegant consideration and order among the members. I can't forget our crazy dance of one night. When I miss a friend, I will recall my memories of the time when it was swollen like a balloon. Next year's reunion will make us pack our bags for a new trip.

출가

Leaving Home

The middle of the summer is pulling the forgotten monk out of my distant memories. My young children and husband jump like frogs to hear that a nun is coming to my house to stay.

I met the nun at Seongeun Hermitage at Cheonggoksa Temple in Jinju. She will come to my house because of the connection. My family is excited about the nun's coming, but I'm not in the mood to welcome. Because she's supposed to come to my house to wear worldly clothes to return again to the world. I can't tell my family that story. I hate people who lie. So I try not to lie while raising my children. However, I wanted to make good memories for her and my family, so I had to hide the truth and shut up quietly. The nun slept at my house overnight in her robes. The next day, my children went to kindergarten and my husband went to work, and then the nun and I went to the market to buy women's ready-made clothes. She put on the new clothes and left the monk's uniform at my house. And she asked me to mail it to the temple where she had left stayed.

I encouraged her greatly when she told me of her determined will to leave her family to become a Buddhist monk. I was proud of her for making such a resolution even when she was accepted into a good department at Pusan National University with a fierce competition rate, and I felt like I had made such a solemn resolution myself. Perhaps because she was young, she was like an unspoiled sprout. I was just grateful that she was independent at that young age. Then, what on earth was the reason for her to come back into the world? I couldn't help but feel sad. It is because of the strict Buddhist discipline and Spartan education and heavy work.

Her beautiful face in her teens was haggard and lifeless, so I could imagine how severe her handships were. But the clothes she wore fit her well. Unlike her young appearance before becoming a nun, she looked holy now. It was already decided for her, but I told her to reconsider her resolution again later, and when she left I mailed her uniform to the temple where she had stayed. I didn't know why I had to send her nun's uniform to the temple, but I did it because it was her request. It became a burden to my heart because I hoped that she would successfully walk the path of a seeker instead of me.

After sending the young nun's uniform, I went to the past taking a time machine. There were two women wandering around at Iljumun Gate of Songnimsa Temple. It was more than thirty years ago. At the entrance of Iljumun Gate of Songnimsa Temple, the two ladies were having a serious conversation face to face. Two women in their mid-20s talk about something profound. Standing at the crossroads of life in the distance, the young women were making some promises. They decided to take a narrow path that others cannot easily choose, not an ordinary path. One of them tells the other the great cause of 'leaving home to become a nun' with a firm determination. She says she will walk that road and she has a reason to go. The reason is her firm belief in the afterlife. According to her friend, before her father died, her father called all the family members and told them everything he wanted to say, and asked someone around 2 p.m., 'Are you ready?' and died quietly.

In December of that year, when I promised her to leave home and go on the path of a nun, I met my current husband and hurriedly married him and started a family as if I were rolling a roll of toilet paper. Originally, my wedding day was scheduled on December 15, but my in-laws decided to hold the ceremony a day earlier because it was a market day. They didn't like their son seeing me often and spending money on me. So they wanted us to get married soon. But the bigger reason was that it was better to get married before their son was over twenty-eight, as people usually don't get married at the age of 29. Why was there such a strong wind the night before my wedding...? The rubber bucket outside flew away and the washbasin rattled around the whole yard. The wind, as if to foretell the future of my marriage, made me sleepless and anxious.

Being a nun and getting married are different ways to live, but leaving home is the same. My friend and I went on different paths and broke up without knowing each other's whereabouts. A promise that you spit out once may be stamped in the air. I thought my marriage life would be smooth as others. However, it was full of conflicts like a storm from the beginning of my honeymoon. Maybe it's because I'm afraid that if I live an easy life, I'll turn away from Buddhism, my life was a series of waves without a moment of comfort.

My husband, who used to be a manager of a medium-sized company, quit his job because he hated white-collar work and started his own business two years after our marriage. He made my heart flutter telling me that if we work hard for a year, we can buy a house and become rich. It was too late to blame my immaturity and ignorance, which I thought my husband would make money and succeed by doing anything. My family became broke because of the frequent accidents and bankruptcies of my husband's business. It was thought to be punishment for breaking my promise to my friend to leave the house.

My friend became a nun as she promised me. I sent her letters several times under her secular name. She stayed at Unmunsa Temple in Cheongdo. The letters were returned repeatedly. So we've been out of touch for a long time. The harder my life was, the more I devoted myself to educating my children. After living like that, I finally learned that I was originally another buddha. It was more than 20 years ago. I only lived without knowing, but when I was enlightened that we were Buddhas, a tremendous amount of energy was released that my body could not handle. I took my two children's hands in my hands and ran to the temple where I had attended before my marriage. I arrived quickly and cried hugging the arms of Buddha, which was like a mother's arms.

And I met the friend who had become called a Buddhist nun Beopwoo dramatically with the help of a police officer seven or eight years ago. Unlike me, who lived with the guilt of not keeping my promise to become a nun, she had completely forgotten about it. She didn't even recognize me when we first met. It was only after seeing my seriousness that she remembered our past, and she said, "Those who live as nuns forget everything in the world."

She said she had never regretted the way of a nun. Her bare face without makeup was more beautiful and innocent than mine, which was covered with makeup. I could feel that the path of a nun would be difficult when I saw her living with a clean mind like sharpening a knife. I consoled myself with the idea that I had chosen a good path to live a normal life. Envying my grown-up children, the nun asked me to continue to work hard on different paths. On the one hand, she saw my faith and felt sorry for me for not becoming a nun.

A secular life is the way of a monk. I think I live as a nun without a nun's uniform. I try to spend more time alone than hanging out with many people. I was born that way and I like to be quiet. When I sit alone in an empty room, it soon becomes a sanctuary. When something pleasant, happy, or sad happens, I sit on the cushion gently and calm my mind down. I am walking quietly along my own path, treading on the shadow of my friend the nun. The friend who became a nun, the young woman who took off her nun's uniform, and I at home would be living with Buddha, focusing on Jhana regardless of the place.

The day's sun sets under the dimming light of memory. I hope and swear that we are all going our own way in the light of tomorrow.

고장 난 제트기

A Broken Jet Plane

There are birds made of paper sitting on the flower vase in my mom's room. There is also an Anthurium in the flowerpot, its flower is as red as a chicken's comb and its stamen is as sharp as a chick's beak. There is also a television set with a remote control at the front of the room that is beautifully decorated like a newlywed bride's room. In the entrance of the room, there is a small-sized refrigerator that has some fruits, bread and water which my mom likes. There is always food neatly kept in that refrigerator which she may eat any time of the day.

My mom's room is on the right side of the front door of the apartment that is about 48 pyung in size. The toilet inside the room looks like a chair because she is having a hard time moving around and going into the bathroom. I thought it was just a chair for my mom to sit on any time she got tired of lying down on the bed until I was told it was a modern style of toilet. When she was in her mid-80s, she tried to keep her room neat and tidy but she was in her 90s so she was not able to do that anymore. Her room started to smell bad.

My sister-in-law always tries to get her to take a shower, but it doesn't work well. I think this smell has got something to do with her aging body cells. There's nothing we can do about it. When she lies in bed with her legs curled up like a cocoon in the blanket, it makes me sad just watching her in that posture.

There's a saying, "A protracted illness wears out filial devotion". All my siblings, including my eldest brother and his wife, took good care of my aging mom when she came here for the first time. We all paid attention to her. My youngest brother often sent an allowance online to a bank account for her. My eldest brother withdrew that money and gave it to her. Even though she lived at her eldest son's house, she never got discouraged.

I think even if old people have white hair and an weak body, they have a young heart. When she needed to get something like fruits or medical bands, she would confidently ask her daughter-in-law to get them, but that didn't last long.

My house is not too far from my Mom's house. I used to live farther away, though in the same city Daegu. How thankful I am I was able to move into the same neighborhood. Long drives often make me sick, so I take this as a great blessing because when my mom gets sick, I am the one who needs to go to her place and stand by her because of my free schedule. It is good to see her often, but there are times when I don't like to listen to her talk. Sometimes I get in her way. Staying in the same space all day long makes us both upset. We sometimes argue about small and tiny things.

When I was young, I thought being a mom would make me happy. When my mom was young, she was always encouraged to go to work with a towel on her head and working equipment in her hands, She was overjoyed. I've rarely seen her complain or be depressed, no matter what happened. Her life always tasted like sweet honey. When she did the laundry, she found it hard to stand up because of her weakened legs, but she never complained. Mopping the floor was the same. Even through the trials of work, all her housework made her happy.

She always read books. She usually wipes tears running from her eyes as she reads the Bible. She is quite different now from what she was in her younger days when she went to the field and always worked hard just for her children. She didn't have many chances to study and learn. Back then, boys had more opportunities to study than girls due to the boy preference. Despite all these difficulties, she overcame and set a good example as a good mother.

My mom's nick name was Jet Plane. That's because when she was young, she moved as fast as a jet plane. That image is engraved in my mind. Sometimes she nagged a lot and talked as fast as a jet plane. But now her jet plane is breaking apart everywhere. Now she seems like a wrongly assembled jet plane. She even has a hard time standing up by herself and fastening a button.

It just reminds me of a well-known saying by a singer, Seo Yu-seok, who said, "Have you been old? I have been young." How am I supposed to understand my mom's situation? I haven't gotten to her age yet. I would like to have her live in my house, but my house is not as good as my brother's. I have two rooms, one for me and my husband and the other for my daughter. Maybe I am neglecting my duty and just using my house as an excuse, but my husband is also suffering from a surgery after a stroke; I am the one who has to stand by my sick husband all the time, maybe for a long time. Therefore, I find it difficult to have enough time to pay attention to my mom.

The broken jet plane that may not fly again is like my Mom. It reminds me of my aging mom, who is sick and unable to move well. The only thing I can do for her is to buy her favorite fruits every season! My Mom loves fruits more than any other things. She loves persimmons, plums and sweet potatoes. I hope my Mom's life is as sweet as these fruits.

뿌리를 적시는 물줄기

A Stream of Water That Wets the Roots

In late autumn, the azaleas are blooming on my veranda. My father, who is seventy years old but looks young, is smiling and showing his teeth among the flowers. I guess he bloomed as a flower with love that he hasn't given me enough when he was alive.

He must have come with a feeling of being sorry that he was poor and had nothing to give me. He is pouring love to me over the threshold with the autumn sunshine. The moment I call him "Father," he always comes by my side and looks at me in a friendly manner. I can't see him, I can't hear his voice, but I'm sure he'll like it like a baby with a welcoming face. How is he doing? Is he still lost in thoughts, blinking his thick double eyelids, peeling off the green rice husks with his mouth? What does he think so hard about? I ask him for forgiveness for living immaturely without appreciating my parents even I've passed half my life.

My father, who only complimented rather than scolded, has always been my strong supporter and good friend. "When you were young, you were pretty, and I thought you would be taller." He felt sorry for his short daughter, and he said that every time he saw me. My father in my memory always gave me great courage and confidence, as any parent would do. He moved the future and planted it in my heart. On days when the relationship between my father and mother was not good, my mother's hatred would fall on me, who closely resembles my father's honest stubbornness and appearance.

My father personally refused surgery even though he was aware of death due to old age. After eating peanut porridge made by his wife at his home on the hill in his hometown, he closed his eyes very quietly, as if air were escaping from a rubber balloon. When his wife brought him porridge for the last time before he died, he smiled at her. His lungs were completely black like charcoal for smoking since he was 15. When the body gets sick, it is usually accompanied by pain, but it seems that my father had no external pain except for his bony dark body. He had symptoms of anorexia, occasional pawing the air and auditory hallucinations, and had difficulty eating from the summer before dying on Christmas Eve, in the presence of his son, now an elder. He lived with poverty all his life, but he ended his life as a son of a pure farmer at heart.

A Japanese book, a Chinese dictionary, and a Korean dictionary on his desk were left as his belongings, along with an ashtray. His main job was a farmer, but he always carried a book with him, so his wife's dissatisfaction with him soared in the sky. It was an environment where he couldn't study as he wanted, but he maintained his learning attitude. I was proud of the way my father looked. I want to pass it on to my children by having the attitude of my father, who was exploring his studies until the end of his life.

My father, who came from nature and returned to the earth, did not want his grave to have a mound. His children accepted his father's will not to leave a trace. In his hometown, the autumn wind must be his wonderful friend by now. He didn't want his children to visit him, but he only wanted to go alone.

My father told me, the youngest daughter, that it was sad to leave after working hard without receiving filial piety from his children. "You're healthy, so haven't you farmed your whole life and distributed it to your children?" I answered coldly.

I learned from Buddhism that parents do not choose their children, but that children are born by choosing their parents. There is no longer my father in the world, but while I am alive, his ample spring of love will not dry from the roots of my heart. Whenever and wherever, his love overflows in my veins and in my lifeline. The smile of autumn azaleas remains the same even when it is dark. It is looking at me with affectionate eyes. Even if the flowers fall, his love that stayed there will become a scent that won't disappear and will protect his daughter for a long time. May he rest in peace in heaven!

엄마를 기리며

Honouring My Mother

By the time the petals of spring flowers that bloomed like popcorn fly in the wind, my siblings gather in one place like bees and butterflies looking for flowers. Growing up sharing the same room, we meet at this time of year, missing the memories of childhood blooming like the scent of flowers regretting the absence of our mother. The best spring day of the year becomes a precious legacy that our mother has left to her children, allowing our brothers and sisters to see each other to commemorate our mother's birthday and to confirm their family love.

The fifteenth day of March by the lunar calendar is my mother's birthday. It is always the peak of spring. As a person who has lived with family love all her life, the world is colorful on her birthday. When my mother was alive, my brothers and sisters scattered across the country ran to Daegu to see her around that day. She is not here now, but she will remain in each of our hearts as a magnolia flower and stay forever, giving off the scent of beautiful memories. The irreversible past has become immortal value like a portrait that never gets old.

For me, who had a gastrectomy at the end of last year, our meeting was more meaningful this year. Although it was not such a serious disease, surgery to remove a large lump behind the stomach wall, which was very close to the esophagus, was never light. On my way to the hospital with my husband for treatment, I could sense the great love of my parents in heaven with my whole body. The celestial energy of the universe poured out countless stars to save me. I met competent doctors and kind nurses, miraculously finished surgery, and I am doing as well as before as if nothing had happened. Would parents worry about their children when they see them and turn away because they can't see them? Would parents worry only when their children are visible, and turn away when they are not visible? As I live as a parent, I understand the parents' feelings a little.

I wasn't the only one sick last year. My oldest sister also had knee artificial joint surgery twice, my second brother-in-law had a big car accident, and my older brother had a big car accident, but fortunately, only the car was badly broken and the passengers were magically fine. Each family members got through a big and small crisis once. Now that the average age of our siblings is over mid-sixties, every yearis thought to be more valuable to me. Is that all? My younger brother, who worked for a large company as soon as he graduated from college, retired this year. It's a turning point in his life. My older brother got retired from teaching for years.

I'm still a student at the age of sixty. I couldn't give up my desire to study, so I transferred to the English department of National Open University last year. At every meeting of our siblings, the test dates were before and after the meeting, so I narrowly avoided them. Last year, the day after the meeting was the test day, and this year, I was lucky to meet them after taking the test. My mother used to tell me, "Do you like studying so much?" "Why do you keep on studying?" I hated to hear my mother complain to me so often. I even blamed her for that. Sometimes I thought I was an unhappy daughter.

Even my grandson, who is my precious first–born child, likes to read books from time to time. It was only after seeing myself who only looked at my grandson, I was pushed out of his interest because of his enthusiasm for learning that I understood the complaints my mother used to tell me. A magical life! Oh, I can't believe I finally understand my mother's heart! When I see my beloved grandson concentrating on his studies and forgetting his grandmother next to him, I feel that my mother must have felt the same way. It was a request, "Studying is good, but please play and spend more time with me!" I am begging my grandson like my mother, "Stop studying and play with me." Now that my mother has passed away, it is the mother's heart that she wanted to see even if her child was right next to her; I can finally put an end to the long question mark with resentment against her; I can now recognize her heart.

I now repent of my hatred for you, saying that you are a mother who does not feel sorry for your child and prevents the child from studying even though she did not study much. I'm sorry I couldn't be with you often. I deeply apologize that I didn't have time to think about my parents because my marriage life was not smooth. But you will help me as much as you want, right? Give strength and courage to your daughter who is likely to collapse because of her health! Mother, someone said you were the happiest person when you were with your husband, now be happy with him forever in heaven.

On this bright spring day, I bow to you because we exist with your love!

비행기 떠나고

The Plane's Gone

Where did the gust of wind, which had been driving the darkness horribly all night, disappear? The strong wind, which seemed to blow away the heavy apartment, is quietly disappearing with the morning light. The dark sky, which has been like a grumpy mother-in-law for several days, is opening wide to welcome spring. I wonder if the cherry blossoms that bloomed along the road two days ago are safe.

Spring is brilliant with a feast of flowers all over the land. In this brilliant season, my daughter flew to Vietnam on the first day of April. Why do I suddenly miss my mother desperately when my daughter left her mother's arms after 32 years flying away like a butterfly while working as a university lecturer? Why does my mother, who passed away a couple of months ago, suddenly settle down in my heart and make me shed tears….

Even when my mother closed her eyes forever, I was a heartless daughter who only swept away her chest and did not cry out loud once. My rationality, which had been pretending to be okay by pressing my heart, saying that strong obsession with my children and parents was a source of anguish, suddenly returned to my child-like pure heart and shed tears. While I talked about my situation on the phone to an acquaintance, tears poured out more instend of words.

"Didn't people say that they miss and think of their mother more as time goes by?"

The friendly consolation of the acquaintancse stimulates more tears.

My mother sometimes said this to me like muttering to herself when she was alive: "I was heartbroken, and you were going on your honeymoon with a smile on your face." It was an expression of her sorrow as she saw me get married. As for me, who had never sent her daughter far away as a mother,

I could not understand her at all. As I got married at the age of 24 and lived day by day like a fire moth as a woman of a man, I turned a deaf ear to my mother. I've lived such a life for well over 30 years, but my mother is not by my side.

When I was young, we were poor, but the atmosphere at home was warm like an ondol room. We were not rich enough, but our family lived in harmony taking care of each other. On the contrary, my marriage was like a 'wind-bell' in the wind at the end of the eaves. When I looked at my husband coming home drunk I was restless. How can I afford to take care of my mother like this? When I see my husband coming home drunk, I feel that all my senses would stop for an instant and I would feel pain as if I was being stabbed by a needle.

Unlike her daughter, who lived a complicated life, how could she understand her daughter's heart with a husband who couldn't drink at all. "Didn't you get married because you liked him?" Mom only expressed her disappointment. She also criticized me, saying, "Men have to drink a little, and your husband is diligent and works hard." She wanted me to be more patient for my family's future taking the son-in-law's side.

It was not until I became a mother that I understood my

mother's mind. My daughter had to have her mother around when she was a child. She was unusually shy, so when she couldn't see her mother, she didn't eat anything and just cried all night. I couldn't even go to the bathroom away from the child. The moment I left the child's side, the whole town was noisy with her crying. My husband's business failure made the family difficult, but I had no choice but to take care of the child. It was not only because of the absence of special abilities for me like my mother had, but also because of my daughter who couldn't be without her mother.

On the other hand, my daughter was a precious gift to my family. As soon as the child was born, our family became financially stable. For me, who was thinking of breaking up with my husband, the child made me put an end to that kind of conflict in my mind. In other words, a lucky filial daughter was born. For the sake of a child's life and my bloodline, I strengthened my mind so I felt that it was okay to sacrifice myself. My son was a strong support for me to rely on, and my daughter's calm face made me bear all my bad conditions with a smile. The children gave me the hope of making a happy life.

My only goal and dream was to live in harmony with the

members of the family like my childhood family. Did they say, "Patience is bitter but its fruit is sweet"? Thanks to my prayers and sincerity, my family has become peaceful like my maiden home. The storm that had come down on our family has subsided, and family members have come to live in comfort and love with each other. Was it also a great achievement of the love that my mother silently wished for my family?

Since my mother's death, my husband has become a family man and I have fewer quarrels with him. Isn't it thanks to the great love of my mother who protects our family from heaven? Mom's love remains the same even after she has passed away. The plane that flew with my daughter filled my heart with love and longing. With my love that I couldn't pay my mother back.

되돌이표

Repeat Sign

Spring opened my front door and came in like a precious guest. One day when my heart afluttered, I got a text message on my phone with a 'ding-dung' sound: "A delivery from Shinsegae Department Store is scheduled to arrive to you today." I paused at the text because I didn't order anything. Other than buying clothes, I rarely buy things at department stores. I wondered if the parents of my daughter-in-law had sent wedding presents because it was the wedding season.

After meeting the mother of my daughter–in–law a month ago and discussing the presents, I had completely forgotten about it. After receiving a large package from the delivery man, I realized that it was a blanket, one of the presents.

I quickly took off the wrapping paper. After I cut the red ribbon with scissors and unpacked the pink cloth, a blanket with a red top and light green and navy blue patterns finally showed up. There was a pair of green and red pillows and two good cushions. My heart beats and I'm a little scared when I realized I was being treated as an adult. If I'm in a good mood, I just need to hold the egg of happiness. In this situation, why does my wedding picture rotate in my head like it was yesterday? People say that our brains forget good things easily and record bad things for life, so I guess I'm no exception. In a little while, a Hanbok for me, which I ordered when I went to Seoul to wear to my son's wedding also arrived without notice. The box containing it is also the color of vivid camellia flowers. When I wore Hanboks, one by one with a heart palpitations that sounded like a gong, a woman named Mother–in–law was born in a new shape.

On this good day, my mother–in–law first appears in front of me. I feel reassured and comfortable to meet a daughter–in–law who grew up in a richer family than my son, but my parents were poor, so I couldn't satisfy my mother–in–law's expectations when I got married. It seemed that my mother–in–law's hanbok, which my parents were supposed to give her as a wedding present, was not completed. So she borrowed someone else's clothes and they were very big for her. I think they couldn't communicate well with each other because my parents lived in the countryside.

On the wedding day, my mother–in–law continued to raise the hem of a long hanbok skirt and showed angry expressions to the guests. My friends and family were astonished to see my mother–in–law's expression. They also added that they were worried about my marriage because she would not be a mother–in–law of ordinary character. Her fussy personality was as real as it was. From the moment my husband arranged my first meeting with my mother–in–law and announced that he would marry me in front of his mother, she has stabbed me with a thorn all the time. She even put a nail on the top of my mother's head. I, a new bride, could not protest against her petulance towards her daughter–in–law who did not satisfy her.

She must have thought, "Can a short woman with a thin waist have a proper child?" Her son, who had several blind meetings, brought an unexpected strange lady one day and said he would marry her, so she would have gotten the heart of a surprised rabbit. His mother's mind almost went crazy when she saw that her son had fallen in love with me. The wings of a young bird leaving the nest caused a rough whirlwind in this mother bird's heart. She didn't even care about anyone else's daughter, as she repeated, "My son." Without a thick shield to stop many hardships, I was left with only the pain of a soft pistil. Nevertheless, I was not used to being a sinner for no reason so I lowered my voice and head. My mother–in–law's grudge was also strong on my mother. My mother's proud arm, which had only the sin of having a daughter, was twisted like an octopus leg. My mother–in–law's sharpness has not been discouraged for nearly a decade.

The wedding blankets I bought added to the trouble. Every time I slept at my in–laws' house, my mother–in–law said that the blanket I bought for her as a wedding present was thinner and lighter than our couple's blanket. She even pretended to fold the blanket and throw it in front of me. I brought my younger brother with me when I got married, so I would have triggered her anger more. Nevertheless, I had a savior. He was my father–in–law. Despite his wife's strong dissatisfaction, he welcomed our marriage by saying "OK" at once. Of the thousand troops, the hundred was a guardian deity's power to relieve my burden of a full load. He was my hedge until his death, just like my own father.

However, the number of rice bowls in the family turned my mother–in–law into another person. To my old mother–in–law, her youthful poisonous thorn disappeared, and she is next to me as a Guanyin Bodhisattva with a thousand hands and a thousand eyes that takes care of life. Even at the age of 80, she used her daughter's strength to make kimchi for her daughter–in–law, and she also sent lettuce, spinach, and chives. Even though she lays down like a log and groans with pain, she jumped out of bed as if she had died and returned to life when we visited her. And she would wait for us with prepared water kimchi, salted crayfish, fish stew, and soup like a feast. She also made a wrinkle of laughter on her daughter's face, who disliked her mother's loyalty to my family. She poured her affection into my family and me until she suddenly collapsed like a dry old tree.

Now my mother–in–law's memory tape is broken. Her past remains, but her present does not. There is no future in her memory, which has stopped in the past. Her memory only lingers then. There is no progression forming in her brain. Curiously, her broken brain regenerates only good things. Fortunately, it only stores good things and reflects on them.

It's like a repeat sign.

I am her child when I visit her in the hospital. Also, I become a bride in a white veil and act childishly to her with a feeling of regret. Then she immediately and without hesitation expresses: "I'm sorry!" "I regret being wrong to you. I hope you understand." Then, as if I were dreaming, my remaining emotions would disappear. I ask her not to let go of her prayers even if she has no memory of the present. Then she keeps her daughter-in-law's words in mind. "Mother, if you're having a hard time, pray aloud," I say. "Come on. I see," she responds. She believes in her daughter-in-law's words like faith. Is it thanks to her prayer or to my practice of emptying my mind? The thickness of the affection between the two of us has grown as deep as the depth of the years we spent together. She was my mother-in-law for ten years, but she treated me like her own daughter for the rest of the year.

Time goes by and her young daughter-in-law is becoming a mother-in-law. When I become a grandmother, my daughter-in-law will be a mother-in-law. My daughter-in-law's daughter-in-law will become a mother-in-law again. Unless mankind is destroyed, it will be a loop of the life cycle. It's like a repeat sign of the daughter-in-law and her daughter-in-law that is constantly repeated. The relationship will lead to eternal life, but the relationship between me and my mother–in–law is very precious to me, which will not be repeated twice. Even if she is a patient, this insufficient daughter–in–law pays a great tribute to her, who is by my side like a goddess of mercy.

엄마의 삶

Mother's Life

The spring wind makes me feel empty. It is a pleasant spring day, my mother's birthday! My siblings, who had scattered all over, got together and they spoke glibly like baby chickens before their mother. They are all gone like a whirlwind now and the energy that filled my mother like the sunlight gathered in a concave lens, scattered with them. She is 92 years old. I am often anxious about whether it would be the last year for her. We had our mother moved to a nursing home close to my house. I have had more intimate relations with my mother recently, visiting her while scurrying like a blackbird. Like many drops make a flood, the bond between a mother and her daughter becomes stronger.

I run to my mother with my arms full of the spring sunlight to spread this light to my mother. Now I have come to feel relieved when I see my mother. But I am forced to become restless as the days go by. So far she recognizes her children. I hope that she can continue to live, sick as she is keeping her bed now. Though having had a hip fracture surgery two months ago, luckily she shows satisfactory progress. So I won't regret and feel less emptiness after her loss, I try to sit by mother as often as possible.

My mother is wearing a necklace with a lucky red bag on it. There are pocket money bills in the bag given to her by her sons, daughter, son-in-law, and daughters-in-law. But my mother will never use that money, the bills could be used for when she takes the far journey to the next world. I tell her a joke, saying, "Mom, buy delicious things in Heaven with the money!" Then my mother almost jumps out of her skin, saying, "What are you talking about?" The word death to my mother is like a great mountain which is unconquerable and inadmissible. She is always in high spirits feeling as young as ever.

My mother's mental condition is not normal now. Sometimes you might have feelings of generosity when you see the imperfections of people, some are crooked, others are at angles. If you want to decide on what is right and what is wrong while looking right into each other's eyes, both sides are just tired. Staring at the ceiling and seeing the light, my mother makes a great fuss, saying that there was a fire and a little later saying that there is a flood. Who would blame such a person for being right or wrong? For such a person, everything would be passed, and any faults would be forgiven.

If you take a step back, saying that you have to forgive someone unconditionally in interpersonal relationships, you can be generous and there will be no arguments, friction, or criticism. Shouldn't we compare each person's personality to a distance runner and a sprinter? There are people who are strong in long distance, while there are people who are excellent in short distance. Both sides must not be left out of life.

Some live a short but strong life. Others live a long and weak life. Plain-looking mountains and fields are embroidered with brilliant spring flowers. Spring is the holy starting point of another birth. Spring brings the dead soul back to life, brings hope back to the dead dream. However, if all dreams are blooming and hopes are springing like a fountain for all seasons, nature will be exhausted. Slowing down and speeding up, withdrawing and stretching, and resting and going forward. That is the providence of the universe like my mother's life into her 90s and other people's lives into their old age.

갈대

Reeds

Reeds are talking with their whole bodies in Suncheonman Bay. They become dancers who shake their bodies in the late autumn wind and do their best to deliver a silent message. With the desperate gesture of the last leaf, they say a sad goodbye. They are whispering to me with their low bodies.

I can hear the sound of my father-in-law, who was as thin as a reed. His words, which he said with a breathless heart while repeatedly lying down and tossing and turning in the corner of the room, are being heard in the reed field. The reed field of Suncheonman Bay, which has made way for humans, opened its chest and released its mind, that is the chest of my father–in–law's life. It is a gesture of benevolence from my father–in–law, who had loved me, his daughter–in–law, all his life. The song of the reeds singing in groups sounds like a favorite song that he used to play for his daughter–in–law. "Daughter, eat a lot." "Daughter, take that food when you go." The words of my father–in–law, who used to say them to me every time he saw me, rustle in the reed field and come to my ears. It seems that he is reaching out to me, saying how I have lived and how I have come this far.

Ten years ago in March, when he passed away, there was a great feast of spring flowers. On the mountain path toward the tomb, the wild roses shed tears in white clothes, and in his hometown, white potato flowers mourned in silence. Spring flowers fluttered in various colors on each mountain path like a national flag, grieving for him to go a long way. The sad afterglow of the departed is wetting the heart of the living. Today, he is welcoming his daughter–in–law by standing upright as a dry reed body.

He kept on smiling like the day when he first met his daughter–in–law. After meeting me brought by his son, he readily agreed to our marriage. Despite my mother-in-law's severe complaints about me, he always took all her arrows for me with his wide chest as a shield. He was a good man who never got angry with his daughter-in-law. Even though his daughters were afraid of their father, the daughter-in-law lived without knowing that she was scared. On Chuseok, to supplement his children's health, he went to a ditch to catch loach himself and made his wife make loach soup. Such a father was succeeded by his son and grandson.

He is my father-in-law who loved his daughter-in-law more than his son. When he visited my house, he would confide in me what he had buried in his heart as he would tell his daughter. He even told me about his first love. He lived in Japan when he was a bachelor. Leaving his lover in Japan, he came to Korea to meet his parents' demands and tried to have a blind date with a Korean woman, but eventually ended up getting married. My father-in-law was the only son of three generations. Whether it's because it's hard to refuse his parents' request or because he loved my mother-in-law more, he seems to have married while leaving his lover alone. After getting married, he went to Japan and met the woman once. He accepted the woman's request to see her for once. "As soon as she met me, she tore all my clothes." I was shocked to hear that at the beginning of my honeymoon. My mother–in–law was serving him with all her heart.... The story lingered in my head for a long time.

'Maybe I was a person who looked like that woman.' I even had wild imaginations alone. After my father–in–law passed away, I told his daughters about 'his first love' and they were surprised. They must have been surprised by their father's first love and shocked by the fact that he told it to his daughter–in–law. My mother–in–law, who was listening quietly next to us, smiled and gave us a hint that she already knew it. The regret of not being able to keep by my father's deathbed led to my wish to see my father–in–law's deathbed.

When my son was on leave from military service, he went to see his grandfather in the hospital. I didn't expect my father–in–law to die so soon because he had been hospitalized for only 20 days. He died the day after my son visited him, so my son saw his grandfather's deathbed and even held a funeral before returning to the army. He left his long way in the presense of the whole family together. As he took his last breath, I was shouting in his ear, repeating the words, "Don't worry, I'll live well with my husband," without any countermeasures. Was he going to hear a definite answer from me when he knew my heart was determined not to live with my husband after raising all the children because my husband liked drinking and smoking? By some force, desperate words like spells came out of my mouth.

My father–in–law suffered from asthma for a long time. He couldn't drink, but my husband likes to drink. He would cough and listen silently to his daughter–in–law's complaints about her husband. More than a decade after his death, my husband's cigarette and alcohol levels have dropped dramatically. The reeds speak again. My father–in–law's firm will, which he hoped would not be a burden to his children until the end, became a gesture of a reed and is shaking in the wind. Until the day before he stopped breathing, he went to the bathroom himself, shaking like a swaying reed. The responsibility of parents is so great.

The reed that flutters in the wind with its skinny body leaning on the sky is like my father–in–law. He would distribute rice to hungry neighbors, saying to me, "You should be honest and live sharing what you have with others." I can feel his love again today. Every fall, I miss my father–in–law who looked like a reed. It feels as pious as the reincarnation of a god that a life is born and returned to nature. The love of reeds has been passed on to people by the good influence of nature, and nature and people are united and flowing forever.

Like a silent scripture, the wind of the reeds will also become a great life energy in the middle of my heart, and will coexist with me for a long time. Like my father-in-law's infinite parental love….

영재를 꿈꾸며

Dreaming of a Talented Person

"A team that discovers talented children by observing, nurturing, and cheering for them!" I enjoy watching this program on 'Childcare Broadcast' these days. It is divided into main and reruns three times a day, so I can choose a time zone that is convenient for me. I learn amazing lessons from young geniuses who devote themselves to one thing. Such children seem to be specially favored by God, with the natural talent of a different world from mine. They are not my children, but I am as proud as if they were my own, so I often give exclamations throughout the program.

The talented child is a creation of God, shining day by day. None of the talented children are forced to do so. They immerse themselves in creating and make infinite efforts. The little ones repeat half of the day devoted to one study. Even after that, before going to bed, they read books again and practice musical instruments. People think parents who watch them will praise and encourage them because they like it, but most of their parents recommend that they rest with concern for the child's health.

All the talented children on the show are as cute, admirable, and proud as my children or grandchildren. They seem to be all my children, my family, and my descendants. Aren't they talented children not only for our country but also for all mankind? After encountering the children, I get excited and want to move my body and concentrate on writing, and I want to do just like them, too. Looking at them, my unconscious innocence of the past, which I have long forgotten, slowly comes back to life and invokes my desire to do something.

Today, I met a 12-year-old Lee Geon-woo, who wears a cochlear implant due to hearing loss. Riding an indoor bicycle in my house, I also immerse myself in the example of the child's behavior. Geon-woo says: "If I don't study for a while, I feel like I'm going to fall behind and I'm going to be a loser in the world;" "I feel so anxious if I stay still."

One common thing among the talented children who were there is that they all say, 'I feel anxious if I stay still.' They win the first prize in a competition they are good at, but if they don't win the first prize, they cry and make a fuss because they are anxious. When I was in school, I was also obsessed with the first place for a while and I was under severe stress when I missed the first place. When I was studying for the exam, some visitors came to my house and talked to my family until late at night, and I couldn't concentrate on my studies because of their conversation coming through the small window. So I was once scolded by my mom for knocking on the window to express my dissatisfaction. There is a big difference in concentration between the talented children and me. I can't believe that a three or four-year-old kid easily reads Korean that he studied by himself and acquired not only English but also Japanese, German, French, and Spanish. I realize what Edison said, "Genius is born with 99% effort and 1% inspiration." However, the problem is that the concentration of effort is not easy for anyone. How much mature thinking would it take for their parents to say that there is an adult soul in their child?

A talented child's day is different from that of an average one. It may be just a day for ordinary person, but the day of genius is full of creation. Treasure created from nothing is being made infinite like jade beads. We hope that at least once we have something superior to others.

Then shouldn't I be a passionate person who tries harder than others from now on? But when will I be able to dream and practice being a talented person after being exhausted from hectic fatigue for a few days and falling asleep every night? Another thing that talented children have in common is self-study. Can I be a cousin of the talented person who teaches herself at a late age like a loser in the world? Aren't dreams given to those who dream?

I, who am completing my dream by repeating challenges and failures, also spend my time dreaming of tomorrow's success with the passion of the talented. Although there is a generation gap with them, isn't it the joy of life to be able to have a good time with young geniuses, considering myself not as an aging process, but as a process of ripening? As I sit at my desk and memorize English words at the age of 70, I am curious about the quality of my old age. I stll want to imitate geniuses.

새로운 도전

New Challenge

Spring is coming along the road of sunshine, pushing the curtain of darkness. Dreams that have been dormant throughout the winter sprout and bloom like flowers. I also want to be reborn as a new leaf with an excited heart every year.

This spring, I decided to try to study English to fulfill my dream in my poor storehouse. As a result, I received a letter of acceptance from the Department of English Language and Literature at Korea National Open University in June.

It was a dream that I wouldn't dare to dream without my long-term aspirations and the love of my cute grandson. As a result of pursuing the work with the desire to talk to my grandson in English, I got the good news. As the world moves like one because it is a global era, contemporary educational envivironment is also changing rapidly. It is an early English education era that we never dreamed of in the 80s when we raised our children. At that time, it was difficult for people to eat and wear enough. In the 21st century, the educational environment and quality of life have changed to the point where it is strange not to teach English in kindergarten.

I am living with the joy of challenging and achieving things that I couldn't do as a teenager due to poverty one by one in middle age. Does fate exist in people? Contrary to my fortune, there were many things that I couldn't do when I was a teenager. It was even worse in my twenties. After I got married, I had a daughter and a son. While reading to them, I remembered my lost dreams one by one. And after my daughter went to kindergarten, I started learning to realize my dream. Starting with aerobics, I went to the library and exhibited calligraphy. I went to a piano academy where my children learn, and I fell in love with the sound of the piano and played the piano day and night for about three years.

I enjoyed music with my children by playing the piano and playing any note and giving them a hearing test.

In my 40s, I tried to become a damage insurance saleswoman, I'd been doing it for over 20 years. Since my family couldn't get out of poverty due to my husband's business failure when I was newly married, I started this because I wanted to help my poor family due to thr failure of my husband's business and to pursue my studies and hobbies with my own strength without being restricted bya set time. It was a hard job, but I took the courage to challenge and have been doing it so far. Sales, which have the principle of reward as much as one tries, are like 'Reap as one has sown' taught in Buddhism. There is only the price of effort without an inch of error, as if planting beans produces beans, and planting red beans produces red beans.

I have a timid personality that hates to burden and harm others. However, I am proud of the fact that I am able to do this work to this day is the result of truth, conscience and honesty. It doesn't bring me a big income, but it allows me to earn a small amount of money continuously, thanks to the fact that I'm faithful to the work with all my heart and soul, not being greedy. When I first started the job as a beginner, my brother, who works for a large company, felt sorry for me and helped me a lot. Fire insurance and car insurance are mandatory, so I can approach customers without much trouble. The clients are mostly my acquaintances. Now, I work at a general damage insurance agency, and I work freely with the consideration of the company CEO. How grateful it is to be able to work at home as a freelancer without commuting every day for a long time.

Thanks to my working environment, I am doing it like a part time job while enjoying my hobbies, studying, and writing. Most of my acquaintances think I live at home as a stay-at-home mom. However, when I work as a professional, I always think of my customers as my business partners doing my best for myself and for others based on speed, accuracy, and trust. All the people who made me who I am today are my life life-long friends. I am alive and well today with the help of companies that believe in me and support me, as well as my parents and in-laws including all the members of the family. I shouldn't forget them.

My constant creative new challenges have motivated me to live a more passionate life, even in the face of neglect from others and cold treatment from society and difficult environments. In the 90s, while studying Korean literature at Korea National Open University, I entered a Buddhist university in the same year and was absorbed in studying Buddhism for 10 years. In addition, I took the time to obtain small licenses such as a driver's license. In the meantime, contrary to my satisfactory mind, my body suffered so much that I couldn't speak properly for a while due to vocal cord nodules. Eventually, I had to undergo surgery at a large hospital, and I had a shocking experience of being mute for a week. My vocal cords are still weak even though I am completely cured.

Starting with poetry about twenty–five years ago, I entered the literary world, but I couldn't win the title of a poet, and later became an essayist in the early spring of 2011. The essay is me. My life and writing are not two, so it makes me live a true life. After working as a citizen reporter for the daily newspapers such as Maeil Newspaper and Yeongnam Ilbo in Daegu for eight years, I am also qualified as a photographer.

Two years ago, I got a certificate of etiquette instructor. For almost a year, I set aside all weekend events on Saturdays to challenge myself to become an etiquette instructor. I wanted to become a etiquette instructor and set an example for my children, but I gave up the dream because the conditions were not allowed. I am rather grateful for the freedom that made me immerse myself. The year before last, I was fascinated by the clear sound of the ocarina and lost track of time playing the ocarina instruments for a year. I also performed a 'Happy Sharing' volunteer performance for students in the middle school auditorium twice. The more the public, the greater the joy.

Systematic higher education academic study is difficult but rewarding. When I graduated from the Department of Korean Literature 20 years ago, I held onto my dream that I would never be a regular college student again because it was so hard. Twenty years ago, when I graduated from the Department of Korean Literature, I was so tired that I vowed not to be a regular college student again. However, I grasped my dream of entering the English department again. Before entering the department, I waited for a year listening to English broadcasts without knowing what they were saying. My year-long wish has finally come true. My heart fluctuated as if I were riding a turbulent wave with excitement and trembling like a teenage girl. My final goal is to open the door to new learning and talk freely with foreigners in English. I dream of communicating with them and traveling around the world alone. As a preparation process for future dreams, I will also take English conversation class sponsored by American soldiers in the visiting room of the U.S. military unit. This is a class that many graduates of Korea National Open University attend. My evening time will be busy soon, too.

People who constantly challenge themselves and practice new fields are beautiful.

뿌리는 열매를 달고

Roots Bear Fruits

Humans are nature. Humans exist in nature. Humans come from nature and go back to nature. We live in harmony with nature and love it.

Humans are born and plants reproduce from seeds and roots. There is no plant without roots, just as there is no man without birth. If a person's brain fails to work its job, it is called a vegetable. A plant's roots are like a man's head. When the roots die, the tree ends its life. It is identical to the function of the human brain. Roots do not reveal their existence. When a tree shows its bottom, it dies. It's like the truth is invisible.

Roots live only in the dark earth that people cannot see. The earth is the mother's womb of all life. Only when the roots in the mother's womb are strong, its stems and leaves are abundant and fruits are solid. I am like their mother to the flowers and trees on my veranda that only look at me. I watch them lovingly every day and give them water and manure to nourish their roots with all my heart. Unconditional love never betrays. When I watch over time, flowers and leaves quickly come to life and repay their owner with a smile. They are precious lives that have become members of our family that coexist with nature.

Looking at plants silently reminds me of the holy history of our ancestors. They are like the invisible roots of flowers. They should not be recklessly ignored as absent just because they are invisible. Roots are the core of the mind and body that leads me. Also, the existence of all roots is like a human virtue. It could be a karma that you built before you were born or a future karma that goes down to your descendants. In order to prevent plants from dying from pests, human care is needed.

Just as everyone wants to be happy, don't trees want to live in high-quality soil? However, trees cannot grow by choosing their own environment. The environment of trees and plants is the same, just as people can't choose their parents to be born to. Only when someone transplants them to a good place and provides an environment for warm sunlight and moisture can they get the solid fruits they want. It will be a happy fateful life for plants.

The womb of all things in nature is the earth. It is a holy place that embraces all the life of the universe. I had a childhood when I was drinking water from the ground. I drew clear water with a bucket from a well rising from a gap of mossy rocks under a ten-meter stone staircase. Whenever I pulled up the water collected from deep in the ground, I wondered about the root of the water. After a long time of anguish, as an adult, I learned from my parents that the source of water was the primordial beginning of all life, just as I was born from my parents and my descendants are inherited because of me. I came to believe that my parents were my roots and I was a seed. By giving birth and raising children, I realized that children are roots, parents are manure and water. Manure must die and lose itself. If manure wants to live, other plants cannot be saved. Parents' minds are similar to the nature of the earth.

In my unchanging daily life, I sometimes feel lethargic. However, the position of being a mother gives light to a troubled life, defeating the darkness. If she doesn't forget the place, the dream of hope blooms. On the contrary, if she is lazy at all, she causes virus-like damage to her family. If parents' thoughts are not correct, they rust all over the house and thick dust gets stuck in their daily lives. The cells of the family, which should be green, smell of mold.

When a family collapses, it damages its neighbors and affects the entire environment of society, causing the concept of family to collapse and be destroyed. The mother should be at the center of every house. Only then can seeds reproduce from the roots of their children, and stems and branches grow thickly from generation to generation. If the spirit of the mother is dead, descendants cannot live properly, just as they pollute the leaves and stems of the plant and kill the roots.

My existence is weak, but my position as a mother is at the heart of the family. The importance of that cannot be overemphasized. I always have to keep my surroundings clean and take care of my children just as I keep an eye on the activity of the cells. My activities as a mother should not stop for a moment. By doing so, everyone in the family can constantly look around and have a human scent. Family members can also exchange affection with each other. It seems calm, but life always requires meticulousness and tension.

How should I hand over the sacred and fresh roots of love inherited from my parents to my descendants? The traces of my life that I have dedicated to my life will become a fruit with my death and remain a topic of life for future generations. The reason why I should not live in vain for a moment in the right spirit is because of the responsibility I have to protect the precious lives of my family connected to me.

As always, I draw water and diligently spray it with love to the few flowers. I believe that the energy will also be transmitted to my son's family living far away abroad. As long as I live, I must be the root and strong fruit of my family. As long as the universe is alive, this cycle of life will last forever. Roots are the fruit, and fruits are the root's source.

아름다운 마무리

Beautiful Finish

There is an old saying, "All is well that ends well!"

A beautiful finish means a real ending to everything. Isn't there a saying like that because it includes the importance of the process? In particular, a person's holy death is solemn and precious as it represents that person's life. Think of the Buddhist monk Beopjeong. He entered into nirvana of a simple and "beautiful finish" in front of the whole nation, as if reflecting his righteous life during his lifetime. Everyone who saw the scene would have been moved. He left us that death is neither sadness nor the end, but another meaning of hope and life.

Korea is economically in a leading global position, but unfortunately, it is suffering from the highest suicide rate worldwide. A lawmaker's suicide by jumping is causing confusion throughout the country amid a procession of mourning. I feel mixed up watching the scene. I am very ignorant of politics. I am not sure what he has contributed to the people and I have no intention of commenting on it. But as a member of the people and as a human being, I cannot help feeling miserable about his last choice of death. It is deplorable to think that a lawmaker who has lived for the people and for the country chose such a death.

One day, the last moment will come to me, too. I don't know how to leave this world, but at least I won't give up my life recklessly. That's the first creed of my life. Living is the birth of pain, and life is the time of patience. I too have had many difficult moments in my life. Nevertheless, I have never thought of the terrible word suicide, perhaps because I was raised with my parents' love. I won't think of that in the future either. Our lives are a series of rough moments of walking on the minefield of death due to various disasteous accidents. Aren't you afraid of the news of accidents and incidents everyday?

Is that all? There are countless accidents and deaths caused by natural disasters around the world. In addition, how can I express this sad reality in words as more and more people give up their lives. My heart aches when I think of the pain of the bereaved families and acquaintances of the deceased. I have experienced twice the death of my loved one in a sudden accident. One example was the sudden death of my boyfriend when I was 14 years old, which completely reversed the course of my life. The death of a handsome and studious boy made my whole life lethargic and in vain. I spent my teenage years wondering about why I should study in the face of death, not knowing when I might die, making death a hot topic in my life. After a long time of wondering, I finally realized the realistic meaning of true life in the answer of 'how do you live?' rather than 'why to you live?' At that time, many years had already passed. I have been studying as a full-time student in regular school at my age because of the academic enthusiasm that I couldn't finish at that time. How great would it have been if I used this passion when I was young?

Neither the direction of life nor death seems to go as I want. So, the key is what kind of thinking I should have and what kind of view of life should I have, and how should I do my best every moment, 'leaving life and death to the will of heaven.' It is a life of loving family, loving people in a wide area, sharing affection, communicating with each other, and living well together with great hopes and aspirations. If you live thinking every moment that this might be the last time, wouldn't you be humbled and your relationship become more smooth and relaxed? I also make mistakes in reality, so I want to have time to repent every day and color it beautifully like autumn leaves moving toward the end.

I don't know when I started to be afraid of watching the news. It's hard to see the scene of terrible accidents because I'm old and weak, but it's also because I don't want to paint my ordinary but precious daily life with such a hideous shadow. Furthermore, I am worried about what growing up children and teenagers will see and grow properly.

People are social beings who live together. After spending a good time with people with high virtues, I feel good and happy all day long due to the scent of their virtues. I'm trying to be that kind of person. I hope you all become people who give off that scent, too. So it would be really nice to have a world that shines with beauty.

"If the end is well, the process will also be really good!"

당신의 하루는 무엇으로 채워지는가?

What Fills Your Day?

Today, North Korea's sixth nuclear test is making South Korea and the world nervous with great fear. Residents of the area near the nuclear test were also evacuated. The tragic division of the two Koreas has caused super–tension so that I cannot relax for a day during my 60 years of life. Now, it has become a global topic that has deepened and cannot be relieved for a moment. When I watch the news every day, I can't help but feel anxious about what will happen, including natural disasters. I feel that I desperately need an alternative to govern myself in this reality for my mental health.

At times like this, how can we relieve anxiety and make our life worthwhile? We need self-discovery through deep insight. This year has been an exceptionally long and hot summer. In the season of reflection, I bought a book like a welcome rain that cools the heat and strengthens our mind. It is the work of Ryu Si-hwa, Birds Don't Look Back as They Fly. I had greater expectations, not only because he was a bestselling author loved by the people, but also because he was a poet and meditator. As he says in the foreword of the work, "I Ask and My Life Answers," I was curious about his question, and I wanted to hear the answer by him.

The author says: "To be alive now is to write my own story. It is not the expectation or answer of others, but the answer to life can only be found through life experiences": "I traveled to various countries to find my teacher for enlightenment, and read books, but it was life itself that presented me with enlightenment." In each paragraph, he talks specifically, kindly, and mercifully as if he were telling his friend of the enlightenment he had gained through his life and experiences. Everyone needs their own Querencia, but if they can find their true selves anytime, anywhere in the world through communication, and if they can stop fighting and stay in peace, everything in this world can be their own Querencia.

And he emphasizes that "Wandering doesn't mean you're lost." It is impossible to know someone's present. He also says that "People know your name, but they don't know your story. They've heard what you've been doing, but they haven't heard what you've been through. Don't take other people's views as they are. It matters not what others think, but what you think of yourself." He doesn't want us to live a life where we are being watched and dragged by others, saying that we must do the best for ourselves and our lives. Koreans mainly focus on other people's attention. They tend to live in big houses, have nice cars, care about their appearance, and interfere with other's affairs.

Poet Ryu advises us not to reflect on our misfortunes and wounds. He also tells us to turn negative minds into positive smiles and not risk our lives on purpose, but to be faithful and happy during the process. "It is the skill of life to put down the past and hold to the present," he declared, hoping to put down the weight of pain and fly to infinite freedom. He also says that each day is the last experience, and true life consists not of meeting between me and you, but of meeting between existence and existence, and that humans are an end, not a means.

"To miss life is to sin against yourself, and the most regrettable thing when you are near death is that you lived ignoring yourself." What a dreadful piece of advice ignoring myself is to sin! "There is no greater mistake than not having made the journey your heart desires. The moment my heart beats is the best moment I've ever lived," he says, asking us "how many moments of breathtaking love, how many moments of breathtaking immersion and breathtaking contacts have you had?"

The author also says, "The only thing I can take with me when I leave this world is what's in my heart." What is most precious to me and your heart now, and what is being put there every moment? He hopes that each of us will find happiness on the journey of our heart-throbbing lives, asking ourselves and getting answers from our own lives. In my case, what is making my heart beat? What do you fill your day with and empty it with as you live? Who do we look at and what do we do that makes our hearts leap up the most? Is there anything you are doing right now for a life where your joy is other's joy, and your happiness is other's happiness, with the people next to you?

시대적 과오(過誤)

An Error of the Times

Since the end of last year, newspapers and broadcasting media have been making a fuss over violence among students. There have been a series of incidents in which good students were forced to give up their lives because they could not overcome the violence and intimidation of fellow students, and measures to prevent this are being discussed. It is now said that the problem should no longer be left unattended and that a decision should be made with decisive measures, but there are no clear solutions in sight. This youth violence problem has become a social issue to the extent that some say it is a crime that imitates the older generation and is a backlash against the establishment.

There have been bad teenagers in any era. However, the current situation seems to create a sense of social crisis beyond the limit. Teachers' authority has fallen to the ground, and teachers are said to be unable to educate the children of socially high-ranking people. For example, a child accidentally broke a precious flowerpot in a hospital. The nurse who saw it scolded the child, and the mother of the child was furious and said, "Why are you scolding my precious child when I can pay for the pot?" Now that parents' view of education is like this, everyone can see their future clearly as to which way their children's thoughts will lean. I can't help but be concerned. There are not many parents who sanction their children's behavior whenever they go to a restaurant. It is said that schools are like that, too.

When we were young, we crossed rice paddies and fields and walked dozens of miles a day to and from school. Even without company, grass and dew in front of us became our friends. When we opened the door, the green mountain in front of us opened its heart and instilled in us the dream of being tall like a pine tree. As a persistent specimen of life, whiteman's foot plants, that did not die even if stepped on, taught us to survive even in hardship. Even after living a complicated city life for so long, I can hardly seem to get out of the character of a simple country girl when I was young. Our middle-aged generation doesn't know much about pretensions and tricks because we grew up looking at dusty roadside weeds and trees, not well paved roads. Even if we were hurt by our friends, we were healed by ourselves and healthy human relationships were restored when we were held in the arms of Mother Nature.

Our parents couldn't afford to pay attention to their children one by one because they were struggling at work to make ends meet. They had many children that they couldn't be obsessed with just one child. Of course, it is true that they had more affection for their son because the idea of son preference remained, but they did not teach and raise their children with the selfish idea that their children were everything. They lived through difficult times when it was difficult to eat a meal, but they lived in abundance at heart, while sharing food with their neighbors. They didn't beat with a rod to their children and force them to compete and win the first place. They showed their children how to live together and watched them do their own work and take responsibility for their actions. Monk Beopryun, who is good at making questioners see contradictions on their own or help them get out of their worries by looking at problems in a new way, said in his article "Raising a Child", "Treating them with warmth is love when they are in childhood, watching is love when you are in adolescence, and cold distancing is love when they are over 20."

The population of our country is decreasing. There are many young people who live single without getting married, and even if they get married, they do not easily give birth to children under the pretext of household economy. There are few children and many elderly people, so it is becoming an inverted triangular population structure. The economic power is good, but I am worried about the future of our country. Since young people do not want to have children, the government says it will provide them with child support without discrimination, regardless of their financial ability. My son, who doesn't have to worry about meals, also says he will plan slowly and have children, but what else should I say! I'll soon have a grandchild, too. It will be comforting and encouraging to receive child support at a time when the social response to childbirth is good.

In the 1980s, when my children were born, slogans such

as "Let's not distinguish between sons and daughters and raise them" were posted everywhere due to the birth control of the population. At that time, if you raise three children, you were treated as a barbarian and you feel sorry for the people around you. Even if you take taxi, you ask the driver earnestly like a sinful woman. It wasn't just that. Our government implemented a strong birth control policy, saying that having a daughter and a son each increases the population. It forced a family to have just one child with the catchphrase, "If you raise a daughter well, you won't envy anyone with ten sons." In addition, as if urging a debt, Public Health Center employees frequently visited each house to force infertility surgery.

Now decades later, Korea has the lowest birth rate worldwide, perhaps due to an error caused by the nation's birth control policy. In this era, it is necessary to gather pioneering wisdom on what solutions we should present about a task to have many children. Is this the best way to solve the social problems of youth suicide, violence, and bullying in an environment where many children grow up mixing with others? I miss the days when we grew up as competitors and friends, as parents and children slept and lived together in one room. Can such an era ever come again?

빛 밝은 지상 극락

The Bright Earthly Paradise

Pitter–patter, pitter–patter, the sound of raindrops falling on the veranda is a familiar rhyme that flowed down from the slate roof of a house in my hometown. The sound of raindrops, which seems to be the sound of the grains popping out while threshing barley, evokes my childhood memories. It is also a familiar rhythm that resembles a lullaby that my parents sang. No matter how much the tape of time is wound, it breaks my heart every time I hear it. It's like brass that does not dull.

I soon break up with the sound of this natural instrument. The face of Yeonamsan Mountain, which I have been looking at through the back door of the kitchen for all seasons, becomes difficult to see again in a couple of months. The sound of children playing ball and talking, and the old people waddling around the playground are also scenes that are difficult to see again as I move.

One day, my husband came back home from work, took my hand, and asked me to go with him to the place he would lead without asking anything. The place my husband led was a house that made me fall in love at first sight. How envious I was of this 'white apartment on the hill,' while renting a very shabby traditional Korean house due to my husband's business failure. Even if it was a villa-like apartment in Dandong located at the top of a small mountain, it became a dream-like shelter for us. When I moved here and lay down on the floor by the front door for about three years, I couldn't control the excitement of trembling as if I were in my lover's arms. The great joy has faded over the years, but it has become my home to be thankful for and not forgotten.

At first, I hated not only the noisy barking of the dog living in the lower village, but also the quiet white dog living downstairs, but I became attached to them for the length of my life here. It's been 40 years since I lived around this neighborhood even after I had my youngest daughter, and it's been 20 years since I lived in this house. Only parking facilities are inconvenient here, and it is bright on all sides and cool enough even in summer when the opposite door is open, and it is warm and cozy in winter. When I open the front door, I can feel the open bright energy, and the simple sunlight on the balcony in front of me, reminiscent of the temple floor, that will be a precious space that I will not forget for a long time after I leave.

My family is about to leave this hand-worn house and move to a redeveloped apartment we've longed to have for a decade. It's a new apartment complex that I've been envious of. The new apartment seems to like its new owner, too. My heart flutters and trembles like the moment of waiting to meet my first love. I still have that feeling from the first visit.

Through the window of the large room, I am able to watch the green forest of Dalseong Park Castle all year round, and the entire apartment is built as a grand park, so I feel like I am on a picnic. A small library and a cafe for residents are installed right in front of the apartment entrance, making it a good environment for children's education. How graceful it is! I feel refreshed by walking around the apartment complex without having to go far. I don't think there's a better trail for me, who's a little lazy. When my grandson living abroad visits my house, it would be nice if I could hold his hand and show him some Korean books at the library, and I expect him to play freely at the children's playground with a fountain nearby.

The new apartment complex is located along the city railway. Until now, I had only seen the city railway and subway, but I could not use them! I was like a marginal being in the city. My husband is good at using the transportation and I still have difficulty using them alone, perhaps because I am a total country woman. If I use them often in the future, will I gradually become a sophisticated urban lady? I usually use my car, but as I get older, I have a lot of pressure when I drive. But now, I am full of dreams of using these kinds of transportation in the city or outskirts of the city.

Since there is a traditional market near downtown Daegu, I think my living conditions will be better than now. In this old apartment, it was hard for me to meet young people, but in the new apartment, I can meet a lot of nice young women and men, and I'm proud and excited to think about being their neighbor. I have always been lonely, but how happy it would be to have so many families in the same fence! I'm curious and excited about who the family members next to my house are and who the families right above and below my house are.

My family has lived in one place for 20 years, so there are a lot of things to throw away. However, I am not cheerful enough to lightly abandon the dusty old affection. The scarred closet where I put my big baby's clothes, the beige closet and shelf that I spent my honeymoon with are also as deeply affectionate as the years. I want to put that vast cloud and blue sky that I could see through the window when I lay down on the bed into a paper bag and move together. If I throw away the curtains which have been struggling with on my old bed helping their hostess sleep comfortably, they'll also dangle at the end of my memory!

I feel the sweetness that I couldn't even enjoy during my honeymoon in my late sixties! This is why everyone should not give up the world easily and live well with dreams. On Buddha's birthday, it is a bright earthly paradise where all dark clouds disappear!

꿈꾸는 자의 행운

Luck for the Dreamer

The alley at the entrance of Dalseong Park is busy looking at the Morning Star. The waves of people surf. The narrow road is so crowded that it is difficult to squeeze in. It is as lively as the flapping of a live fish. This traditional market is quiet on weekdays, but on weekends, the morning streets are crowded for a while with merchants selling goods and citizens who gather to buy them.

Early in the morning this market is no less than a country market place. Grocery shopping by the light−footed people instills happiness like eating sweet snacks in their calm daily lives. I'm looking forward to the weekend, like children counting their days for picnics. As soon as the market opens, a procession of people in front of the tofu shop makes me realize its popularity. It makes the morning time more busy to take over the steaming tofu that has just been made. It is the happiness of thousands of won that only diligent people can have. The pure daily lives of hard-working people are a delightful sight.

Elevators in our newly built apartments near the market are also busy carrying market-goers. Among them, our couple are also quick to take a part and get lucky. It is fun to go to the alley market while greeting the sun, to live as a rich man who is full for a week. The little stuff in the basket gives me plenty of pleasure throughout the week. Whenever I eat fresh vegetables and fruits, happiness spreads around my mouth like sugary sweet water.

In a couple of months, there are also shop owners who are welcoming me. They are friendly new neighbors. Dalseong Park, adjacent to the Early Morning Market, is a valuable place that all Daegu citizens feel free to use. My house is close to the park, so I come and go there frequently like going to my garden. Whenever I see the well-trimmed grass square as if it were covered with green silk, an exclamation of admiration escapes me in spite of myself.

The four pillars of my destiny say that I am to live on the state's salary, but there was no sign until I was 70 years old. Am I not stepping on the land of the nation to my heart's content? What a fortune! Who could be richer than me now? I can freely take a walk with my husband in this grand park of 38,000 pyeong. We usually argue a little, but I'm excited like a girl on a date eating ice cream and drinking coffee that my husband buys me.

Dalseong Park was an earth castle in the sacred place of Dalgubeol, a tribal country during the Samhan period. It is the oldest earth castle in Daegu. Gwanpungru can be seen easily from my house. a local cultural property material installed in Gamyeong Park, is located at the right entrance of this park. Pojeongmun was built on the south side of Seonhwadang, the place where governors from each province used to work, and a gate tower was built on it, which is Gwanpungru. Gwanpungru can easily be seen from my house. If you are a Daegu citizen, you ought to take your children to Dalseong Park to show them the animals at least once.

Dalseong Park is a place of memories with affection for me. When we walk past an old ginkgo tree, my husband gets excited to remember taking pictures with our children there. This place was made into a park during the reign of Emperor Gojong in 1905, and in February 1965, Daegu City established a new comprehensive park construction plan to create a grand park as it is today. There is a local history museum at the entrance and various animal cages. There are monuments such as Dalseong Earth Castle, Monument to Choi Je-woo, Monument to Dalseong Seo, Monument to Children's Constitution, Monument to Lee Sang-yong, Monument to Heo Wi a patriotic martyr for the country, and Monument to Lee Sang-hwa.

If you cross the main road from Dalseong Park, you will find a new six-story Jung-gu Senior Welfare Center. Any citizen over the age of 60 living in Jung-gu can become a member of the welfare center at a registration fee of 5,000 won. If you become a member, you can have lunch for 2,000 won, get a haircut for 1,000 won, and receive various other benefits. The center organizes cultural education programs every semester to promote the education and health of the elderly. I signed up for the offline English conversation class that I always wanted to do. Fortunately, there was only one seat, so I joined the class even though the semester was coming to an end.

Desperate dreams become seeds and always germinate into

hope and appear in the world. For me, one of the dreams was to study or have a hobby I could do anytime near my house at a low cost. After moving to a new home, I can enjoy such luck. Above all, I am happy and grateful that my English teacher teaches us English well. The teacher sets an example first and encourages the students to repeat it indefinitely. She has a daily English textbook, but she doesn't rely on books, she teaches pop songs, and sometimes applies English poems and sentences to improve our skills, which is like a dream.

In line with my wish that the place where I stay is a historic town, Jung-gu is the starting point of Daegu's deep-rooted history. Near our apartment, the Daegu store, which was owned by Samsung Group Chairman Lee Byung-chul, is preserved, and the birthplace of Chairman Lee Kun-hee, who was his son and chairman, is preserved. The old tool alley is also famous. I'm proud of this place where I'm stepping up and staying. We have great pride in our national roots. There are Suchang Park and Daegu Art Power Plant nearby, but I haven't visited there yet.

The clouds drawn by the sky I see when looking through my kitchen window are magical. But with the surrounding skyscrapers, the magic show is becoming increasingly overshadowed. What should I do? I should be satisfied with the current conditions and draw my dream. I want to put my ripening age in a bundle of hope and have a day minding no time. I will continue to appreciate all virtues, cherish, love, and live. I congratulate myself today, when my dream of patience, which I have not given up in any environment, comes as luck, and I carry the joy of tomorrow that has not yet come.

방석 위에 핀 꽃

Flowers Blooming on My Cushion

It's the first snow that brings joy. Snow with wings in the frozen sky is falling as a snow butterfly. The world is full of snowflakes. In Daegu, the snow, which was skipped last year, comes down as an angel's gift to citizens here early this year. Joy, that has become a snow butterfly, is dancing. Is my feeling liberated from the pressure of exams for years flying like a dream? The wings of gratitude are splendidly embroidered in the vast sky. A festival of joy is floating in the sky like a butterfly wings.

I became a full-time college student at the age of sixty two, and spent five years at my desk, concentrating on my studies.

Even during vacation, I prepared for the test in advance. I did not attend any meetings and concentrated only on studying in order to graduate from the English department of Korea National Open University. Language is not something you can jump over in a day like a Jumping game. Furthermore, I started it as a beginner at a late age, so I can't help but give up my dream of studying English unless I prepare like putting money in a piggy bank little by little every day. I transferred to this university as a second-year student. In the first semester, I failed half of my subjects because I was busy studying in an English conversation class led by a native speaker.

It was the first time I tasted my bitter old age as a laughingstock from young and smart students while studying in the English department. But isn't there a saying: Sincerity moves heaven? An unexpected natural disaster helped me. Of course it's a disaster that shouldn't happen, but it turned evils into blessings for me.

One day, the COVID-19 epidemic, which suddenly terrorized the world, banned all close contact with people. It made the world like a hell without bars to the point that even the door of the mind must be closed among people. The decades-long tradition of education at Korea National Open University also fell through in an instant. In other words, the face-to-face class method was completely suspended, and instead, it had to be switched to a non-face-to-face online zoom attendance.

In the early days of the epidemic, students experienced great confusion in preparing for their studies as the school authorities' academic schedules changed every few days. But I didn't expect those chaotic times to be a miraculous opportunity to raise my pride! If I had taken the final exam multiple-choice as before, I would have failed or gotten a chin-up. However, as all the subjects were converted into assignments, I got A+ in all the subjects , so I also received a scholarship. I think the skills I gained while studying at this university's Korean literature department 30 years ago have been of great help. In addition, my experiences of publishing articles in various places as a writer would have been effective because of the same literature, although the language is different. Now, I decided to put an end to my regular school studies after thr final exam for the second semester of this year.

I'm graduating next year. As a result of extending my grades for four subjects by one year, I will graduate with a total score of B-plus. To me, graduation is another beginning. This is because I submitted an application for transferring to the third grade of the English department with the intention of studying freely without taking the regular exam. I'm not good enough to translate English by myself without the help of the professor. I get confused when I turn around after memorizing English words.

Why am I so immersed in English? The reason is that my beloved grandson is at the bottom of my heart. Thanks to my beloved grandson who lives in Hong Kong and speaks English freely. Thinking of him allows me to endure any difficulties and study with the desire to communicate with him even a little. My grandson is also good at Korean. I need an interpreter when I play online games with the child in English. Also, I don't know what my English study will bring me, but it seems like a vague fate for my future. Is it because of a hope like the sun that will someday bring me luck even though I get older? I dream of a lucky opportunity that only comes to those who are prepared. Even if it's not that, it's also beneficial to relieve the frustration caused by language barriers whenever I travel abroad.

When my hometown friends were wearing school uniforms when I was a teenager, only I, who graduated from elementary school as an honor student, helped my parents with farming. Even though it was just for a year, those times left a scar on me and made me long for school. And that desperation made it easy to overcome my obstacles. While studying, a cyst was found in the back wall of my stomach, I had a major operation for gastrectomy, so my stamina was severely reduced, my skin peeled off on the top of my feet due to excessive stress from the test, and I even had COVID-19 before the final exam. Fortunately, I was able to finish the test safely after completing the self-quarantine period. I was able to concentrate on studying as much as I wanted with support of my family.

Flowers are blooming on my hemp cushion, which has been struggling with me and helping me have patience for a long time. My heavy butt presses it down like torture for hours every day, and it was as ragged as the pain of its master who covered her head and agonized. It blossomed into white flowers surrounded by edges. It resembles a large white jewel-like flower pouring from the sky like this today. Is the smile of gratitude from deep inside my heart transformed into a flower? A close acquaintance saw the cushion and asked me to keep it well like a 'treasure.'

Practice makes perfect.

The dull old woman only believes in the miracle of infinite effort!

길 따라 꿈 피어나고

Dreams Bloom along the Way

People look for ways on the way and ask for ways on the way. One thought becomes a dream and a way, and hope makes another way. Dreams are made along the way, and the way along the dream provides new light. As long as their thoughts and wisdom don't stop during their life, this way connects new lifelines endlessly and repeatedly.

When a man is born, his own way is created. He is given his own way, along which no one can accompany him. He must go alone, bravely like the horns of a bull, but he can never be alone. He is born and connected to a strong fence called family. As he communicates with the world, he is led by the link of fate at every step. He grows his dreams in people and lives with people dreaming of the future.

The starting point of parent–child relationship extends vertically and horizontally, and it spreads to neighbors, connects to society, and communicates with the world. Today, which repeats every day, is not yesterday's today. Tomorrow, too, cannot be a meaningless extension of today. I have thousands of thoughts in a day, but I have to choose only one way and walk that way. Not because that is the way to go, I go that way, but because I like it, the way my thoughts are made.

Spring has come, finally breaking through the grey silent winter. My eyes shine in the warm spring sun and the scent of flowers delights the tip of my nose. The wind of flowers flutters over heaven and earth, and the ground pushes the green leaves of life out of the world. So the world changes its clothes from achromatic to colorful. Even if I don't hear the mountain birds, my heart whistles and runs toward the field with joy like a child. I feel a great appreciation for being able to move freely with my will. I gently fold my arms and hug the branches of my heart that are stretched out toward others with a gesture of love for me.

They say that those who do not love in the spring are sinners. In spring, everything blooms with flowers due to the dazzling romance of the sun. Despair and sadness are blown away by buds blooming into flowers. My dream is planted deep like a tree. In the spring, all my actions must be taken upon myself, and not put to rest with my desire for achievement. I have to rely on myself, support myself, and push forward with determination.

My past life was harder than escaping through the mud and more difficult than breaking through thorn bushes, but I was always able to be confident toward others because I was supported and my truth was firm. I was able to stand up in any despair because the truth in me comforted me and gave me courage. "When we all rec

ognize that we were originally intact and originally perfect, we have superpower energy that can easily overcome all kinds of pain in the world." If you don't betray your dream and don't let go of your confidence and future vision.

Opportunities can become inevitable by chance. Only those who have prepared earnestly can seize the opportunity. I realized my dream of becoming a photographer, which I envied as an idol, with the strong recommendation of a good literary friend. I was a bad mechanic. Moreover, I needed an expensive piece of equipment, so it was a big decision after a month of great consideration. Its weight is also hard for me. As time goes by, my body is getting crushed by the heavy camera, but when I'm with the camera, I get immersed in taking pictures and forget about myself.

It's hurting my body little by little, but I can't let go of its strange charm of holding the moment forever. Thanks to it, the gestures of nature that call me, the sunrise outside the window that hugs me hot and reminds me, and the temptations of life that sparkle my eyes regenerate my aging body as a human being. In spring, when everything is born, photographers' hands become busy like farmers' hands. In the camera angle, the spring of the universe should be kept alive as an eternal flower. The philosophy of life is contained in the frame so that if you make a mistake in the moment, you will miss eternity. How can I let my guard down for a moment of capture? A moment is eternity, Eternity is in a moment. It must be recorded in the universe.

Spring days are deepening like ditches in the deep mountains. The leisurely years accompany them, swaggering along the stream. If I skip a time, as I go through the aesthetics of moderation, won't the peak day of my life come blooming as a noble lotus flower? As long as the sun does not turn off, the spring-like dream road will continue indefinitely toward eternal life. Along the endless way, many dreams will bloom in full bloom.

페달을 밟다

Pedaling Down

"I am a Flow and Continuity."

My soul, my mind and my body contain the souls of my ancestors and they live and share, and they are constantly flowing through me to my children and descendants. All of us are a Flow and Continuity: It is a word that was taught seriously by a famous Buddhist monk Thick Nhat Hanh at the end of his lecture entitled The Science of Buddha aired on the Buddhist broadcast. It may be an ordinary word I've known, but after listening to the parts I don't understand one more time, I feel like I've been hit by a hammer on the top of my head.

I'm a researcher who studies the true mind out of curiosity. The mind is not always full of pleasant, rewarding, happy, and grateful thoughts. Even Joy flows away momentarily, and a cold energy is quickly in my mind, setting up a sharp edge. If I let my guard down a little, it bothers even a stranger who has nothing to do with me by stabbing him with the tip of the awl. Sometimes unfulfilled desire filled my head pops out like an iron skewer and stings the corner of the world.

Why do I have to rush without a destination even having no time to catch my breath every day? Don't you wonder who this one is who is dragging you around? I go to Gigiam, which belongs to Eunhaesa Temple, to do zazen on the last Saturday of every month to find 'True Me.' There I hope that the false self of me from toe to head will die and True Me will be expressed, so that I can take a look at myself in a moment. Just as a drop of water gathers to form my whole body, a drop of clear water flows through my whole body ceaselessly, purifying it into a pure soul to be reborn.

You stupid Wandering Thoughts who are blocking me from being Immortal True Me! I am taught that 'sharing, and helping others is what one lives for. It is important to help your closest family members not to have difficulty in their daily lives. You should be faithful to the value of your existence as a cogwheel in each individual's area of expertise. The foundation of healing is 'self-healing and self-love.' Only when I have self-positive and self-comfort can I send my fragrance to people around the world.

Claude Pepper said, "Life is like a bicycle. As long as you keep pedaling, you don't have to worry about falling." Life is a series of homework to plant and grow corn seeds. Corn seeds are planted in the ground and sprouted, creating the separate shapes from the seeds and growing to bear fruits. Where did the first fruit go? Where can I find the last answer to that invisible question? The pedals of life that flow and flow are waiting for me again today. Where there's no pause, I'll get the answer to that question, because living is 'Flow and Continuity.'

그녀의 미소

Her Smile

Good things are likely to happen in March when dry grass is removed and green eyes are born into new life. White azaleas bloom with angelic smiles on the narrow veranda of my house, and the orange-colored Karfir lily's buds are as pretty as a girl's hairpin. Camellia flowers, which have been in buds since late autumn last year, are now in full bloom. One camellia flower petal has my past memories, and two camellia petals have my unforgettable longings.

I ended up spending the whole season with a pair of pants last winter. The reason why I did that was to save money, but more than that I was somehow attached to the pants. No matter how many times I wore them, I couldn't get enough of them. I guess the affection for clothes is different. The cold has already passed while I often wear the clothes as if they were my friend that made me feel at ease. Spring rain falls in the thick fog as if it were a dream. As the seasons changed, with the desire to buy a new pair of pants, I entered the entrance of the traditional market, and a familiar face caught my eye. Someone you may have lived in the same neighborhood for a long time and have met often, but it seems that it's not a coincidence but a tie if you often encounter her on the street.

Desperate thoughts must lead to reality. It is true that I immediately went to the market thinking of her because I knew she was running a clothing store in my town. But I didn't expect to see her there. I shuddered with the thrill of the unexpected encounter with her and the ecstasy of my soul to match. I took her hand in hand, followed her like a pinwheel into her clothing store, and enjoyed a chat with her. Three years older than me, she quickly becomes an old friend to me and becomes like a neighboring family that has always been together. As if peering into my undergarments, she knows everything about our house. My eyes are looking around at the clothes on display, and my heart is spinning around the house nearly thirty years ago.

It was when my family rented a house for the second time because of my husband's business failure. We rented a large room and divided it into two rooms with a thin pillar in the middle, and there was a kitchen with a briquette furnace in an empty space. Under the stairs leading up to the second floor of the building, a small space between the slanted walls became our auxiliary kitchen, where there was tap water and a cupboard could be placed. I decided to live in the house because of the bright sunlight in my two children's room and the kind-looking hostess. However, what I learned while living there for a while was that our kitchen was a passageway for the hostess to come and go to the next room often. So when she passed by, I had to stop making food and stood to make a room for her to pass. Then, she always walked by with a smile around her mouth for some reason, and I used to cringe like a crushed balloon.

How could she know that in my heart that I wished she would come there as little as possible? Almost every day during the 20 months we lived in the house she walked by looking into our room. My children's cries were louder as she passed by. Even though she always smiled without saying a word of hatred to me, there used to be a faint scar in my heart. After renting a room in the house, my family went into a rented apartment. And bought our own house. Finally, we have this house where we live now. The houses where my family lived are all located close to each other. It's been years since I saw her in the garden of this apartment. I met her on the way, and I met her while driving down the road.

Her gentle smile gradually turned into pale smile as the years went by. The children of both of us, are grown up now. Her oldest daughter is getting married, and her younger son is working and preparing for another job. My children are all grown up, too. After graduating from Seoul National University as a scholarship student, my son goes to work as an accountant, and my daughter graduated from Keimyung University and its graduate school and is a lecturer at the university.

Her smile from those days has now disappeared, and the tail of her mouth seems to be leveled. Now I feel more comfortable talking to her face to face. Thanks to my husband being a reliable breadwinner and my children growing up well. She said she had seen my husband at the market asking after my husband and children. She herself said she didn't recognize my husband at first because of her bad eyesight. She's happy to say that my husband said hello to her first, just as I said hello first today.

Holding the warm tea cup she handed me in my hand, the coldness of the flower spring from outside seemed to have turned into a warmth of memory. I also asked how her husband is doing after a long time. Her husband, who has been suffering from a chronic disease for a long time, was hospitalized for a month and discharged a few days ago. There is a dark shadow on her face that conveys her husband's news. She looks me in the face and says, "You look great!" and makes an amazing expression. Her greeting really touched my heart. Thanks to keeping the following maxim she said in mind: "You should be satisfied with even less, suffer less and worry less."

Just as I searched for forgotten memories here and there, I chose a pair of pants hidden among many clothes. I tried them on and they fit perfectly. She's been running a tailor shop since she was young, so she sells ready-made clothes too and still handles custom clothes. With nice workmanship, she mended my hem on the spot. When it was time for my husband to leave work, I hurried home, and he was already home. Talking to my husband about meeting her, I got excited. My 27-year-old veranda camellia flower seems to be enjoying my story. It's a flowerpot that she and the lady next door gave me as a housewarming gift when we moved out of the house and moved into a new apartment. Like her smile, which was brightening up while looking into our living room, the Camellia is smiling brightly today.

A few days ago, for her husband, I bought a basket of red strawberries and gave it to her. And I bought a simple vest at her store. The link between her and me is still ongoing. I pray that her smile, which resembles the spring sunshine, can stay around her mouth for a long time.

The Sublimated Daily life

Lee Kwang-woon
(Ph.D. Professor Emeritus of Daegu Catholic Univ.)

The collection of Lee Jungkyung's essay is the crystallization of her prayerful life with an all-embracing love. Essayist Lee Jungkyung does not separate practice asceticism, life, and writing. Therefore her writing is very honest and clear. Some characteristics of her essays can be summarized as follows.

First, it is structurally sound. Although it does not seem to have a logical development, it has a super-logic that goes beyond common sense and logic. Therefore, if you read any one of her essays carefully, you will encounter a well-structured work.

Second, you can see her creative writing skills through seemingly crude descriptions.

Third, her essays help us realize our mother's position and status. Like Joseon Dynasty's Gasa Literature which mainly deal with various problems that arise in ordinary life, Lee's essays make us think about the topics raised by everyday life. Her writings especially let the readers think about who they are. Her essays, which have a strong autobiographical quality, are a record of her life as a daughter, mother, daughter–in–law, and wife. They also contain confessional contents which are difficult to handle.

Fourth, the essay collection is educational and instructive in that the importance of filial piety and traditional etiquette are treated with great care. Her teaching is more like the orthodoxy of the Roman poet Lucretius, which argues that literature is like feeding bitter medicine to children in the form of sweet–coated pills that make them easier to swallow. In other words, her writing clearly has the didacticism as well as ideology transmission function of an essay.

Fifth, I think the main factors that enabled her to write beautiful essays were her passionate temperament, natural writing skills, positive attitude, and her blessed life itself. Lee Jungkyung is considered a rare essayist of our time whose next article is awaited.

Translator's Review

As I wondered what her next stories would be, a couple of Lee Jung-kyung's resonant essays flew into my email box.

I enjoyed translating her stories into English. Sometimes they touched my heart, sometimes they made me applaud her spirit of challenge, sometimes her love of family brought me warmth, sometimes her deep faith and reflection made me look back on myself.

Meanwhile, spring and summer have passed and autumn is ripening. I commend the author for showing the true value of the essay by cultivating her own writing field with sincerity, not pedantry and pretence, and integrating her life and literature.

I thank the author for giving me the opportunity to participate in the rewarding work of introducing her writings to readers around the world. I also thank my proofreader, Janell Reeve, professor Kwang-woon, who always strives to complete my English.

On a beautiful fall day in 2023

Eechae Ra

Lee Jung-kyung Writer

Born in Cheongsong, North Gyeongsang Province in 1957.

Graduated from the Department of Korean Language and Literature at Korea National Open University in February 1998.

Graduated from the Department of English Language and Literature at the same university in February 2023.

Started her Literary Career in the Essay Era in 2011 and the Essays and Criticism in 2017.

Won the Grand Prize of the 3rd Baekgyo Literature Award at the National Competition.

Won the Bronze Prize at the 2nd National Archives Life Diary Contest.

Worked as a Citizen Reporter for Daegu Maeil Newspaper from 2012 to 2014 and for the Yeongnam Ilbo from 2015 to 2019.

Started as a Photographer in 2015.

E-mail | kyung6378@hanmail.net

Lee Kwang-woon (Ph.D. Proof-reader)

Born in Yeongcheon, Professor Emeritus, Former Professor of Daegu Catholic Univ., Translator for Daegu PEN, Member of Daegu PEN,

Publications: *Though You Canot Come to Me*(Collection of Poems), *Walt Whitman's Poetical Imagination*(Critical Bk on English Poetry).

Eechae Ra Translator

She is representative translator and on the Translation panel of Literature magazine Munhak Su and served as the managing editor and translator of the Korea Writers.

The United States Diplomate of Oriental Medicine.

B.A., English Language and Literature, Duksung Women's University of Korea.

She translated The Light of the World, Mother's Love, Love for Dokdo(Korean into English) and Half Life (English into Korean), and many other translation works and has many joint works, including The Literature of Filial Love and Untie a String of Essays.

She is a Korea Writer's Winner for Excellent Translation.

이정경 수필집

길 따라 꿈 피어나고

인쇄 2023년 11월 7일
발행 2023년 11월 11일

지은이 이정경
발행인 서정환
펴낸곳 수필과비평사
주소 서울시 종로구 삼일대로 32길 36(익선동 30-6 운현신화타워 빌딩) 305호
전화 (02) 3675-3885, (063) 275-4000 · 0484
팩스 (063) 274-3131
이메일 sina321@hanmail.net
essay321@hanmail.net
출판등록 제300-2013-133호
인쇄 · 제본 신아출판사

저작권자 ⓒ 2023, 이정경
이 책의 저작권은 저자에게 있습니다. 서면에 의한 저자의 허락없이 내용의 일부를 인용하거나 발췌하는 것을 금합니다.
COPYRIGHT ⓒ 2023, by Lee Jungkyung
All rights reserved including the rights of reproduction in whole or in part in any form.
저자와 협의, 인지는 생략합니다.
잘못된 책은 바꿔 드립니다.

ISBN 979-11-5933-490-0 03810
값 16,000원